Paris, capitale enchanteres
ravit par la richesse de son patrimoine historique, culturel et son art
de vivre. Elle offre à ses habitants et
à ses visiteurs épris de gastronomie
une palette de plaisirs gustatifs aux
saveurs et origines multiples, des
décors spectaculaires, des ambiances
de fêtes, des lieux authentiques et pit-
toresques.

BEST RESTAURANTS IN PARIS est une référence pratique et visuelle
qui vous permet de choisir en un clin d'œil l'établissement qui
vous attire selon vos propres critères. Vous trouverez, dans chaque
catégorie de cuisine, une sélection des meilleures tables de la ville,
faite par un comité de professionnels et d'amateurs éclairés.

BEST RESTAURANTS IN PARIS recense les superstars de la gastronomie qui créent l'événement, les tables réservées longtemps à
l'avance par les épicuriens du monde entier, les chefs qui excellent
dans les cuisines régionales, ceux aussi qui, captant l'air du
temps, préparent une cuisine aussi simple que généreuse à partir
de très bon produits et à pris doux. Vous trouverez également,
bien sûr, les incontournables brasseries, les bistrots authentiques,
les restaurants tendance, comme les chefs venus d'ailleurs faisant
de Paris une vitrine du monde.

Pour réserver ou si vous avez besoin de plus de conseils, nos
hôtesses sont à votre disposition : appelez notre centrale de réservation gratuite au 01 42 25 10 10 ou consultez notre site inter-
net: reservethebest.com.

Bon appétit !

Richard Brault

Paris, that enchanting city, blessed by the richness of her historic and cultural heritage and her art of living.

Paris offers her inhabitants and visitors who like good food, a range of culinary delights that include a multiplicity of flavours and origins, spectacular decors, festive atmospheres and genuine and picturesque locations.

Best Restaurants in Paris is a practical and visual reference that enables you to choose the kind of place that attracts you in the twinkling of an eye. In each category of cuisine you will find a selection of the best restaurants compiled by a team of professionals and enlightened amateurs.

Best Restaurants in Paris lists those superstars of gastronomy that make the news, tables that get booked long ahead by epicureans from all over the world, the chefs that excel in regional cooking, and also those who have caught the flavour of the modern age by preparing simple and generous cooking based on fine produce at moderate prices. You will of course also find here the omnipresent brasseries and real bistros, and also fashionable new restaurants as well as the chefs that have come from outside who have made Paris into a showcase for the whole world.

Our hostesses are at your service for reservations or if you want more advice, call our free reservations center on 01 42 25 10 10 (+33 142 251 010, if you are calling from outside France), or consult our website : reservethebest.com.

Bon appétit !

Richard Brault

DE L'EXCEPTION LA RÈGLE.

PROLONGER CHAQUE GESTE JUSQU'À CET INSTANT DE PARFAITE HARMONIE OÙ L'EXIGENCE EST ENFIN SATISFAITE... DÉNICHER L'EXCEPTION ET LA POURSUIVRE À NOUVEAU... NE PLUS SAVOIR FAIRE AUTREMENT... DOUTER PARFOIS... CHERCHER PLUS LOIN... PUISER ENCORE DANS DES TRÉSORS DE PATIENCE... AINSI SE VIT, JOUR APRÈS JOUR DEPUIS DEUX SIÈCLES, L'HISTOIRE DE LA MAISON LOUIS ROEDERER.

LOUIS ROEDERER

CHAMPAGNE

reserve the **Best** restaurants *in* **Paris**

Nous réservons
votre table **pour vous**

Composez **01 42 25 10 10** du lundi au samedi de 10h00 à 21h00. Notre service gratuit vous permet de retenir une table dans le restaurant de votre choix.

Le restaurateur vous assure, son meilleur accueil et dans la mesure du possible une de ses meilleures tables.

Nos hôtesses sont à votre écoute pour vous conseiller, guider vers le restaurant correspondant à vos souhaits et exigences particulières.

We reserve
your table **for you**

By dialling **01 42 25 10 10** (or **+33 1 42 25 10 10** from outside France), from Monday to Friday between 10 AM to 9 PM french time, our free service ensures that your table is reserved in the restaurant of your choice. The restaurant owner guarantees you the warmest of welcomes and one of the best tables (from those that are available), sometimes with a comlimentary cocktail.

Our switchboard staff are there to advise and guide you to the restaurant that matches your own special needs.

browse, choose and **reserve** on the **web**

http://www.reservethebest.com

1. Search by category (bistro, gourmet restaurant, types of cuisine, etc.);
2. By alphabetical order (index);
3. Multi-criteria search (choose several different criteria at the same time).
Having made your request, you will be able to choose from answers that match your criteria by filling out the form  provided. We will confirm your reservation by e-mail or by telephone. Special group facilities are available – just ask!

visiter, choisir, **réserver** par **internet**

http://www.reservethebest.com

1. recherche par catégorie (bistrot, restaurant gastronomique, tendances ...);
2. par ordre alphabétique (index);
3. par recherche multicritères (exprimer plusieurs souhaits).
La demande effectuée, différentes réponses sélectionnées vous sont présentées. Il vous revient de choisir et de remplir la fiche prévue à cet effet. Nous vous confirmerons votre réservation par e.mail ou par téléphone dans les meilleurs délais. Des formules pour les groupes sont mises à votre disposition, n'hésitez pas à les demander.

FRENCH HAUTE CUISINE

◆

500 F and over
(Price without wine, tip and tax included)

LES AMBASSADEURS

HÔTEL DE CRILLON

10, PLACE DE LA CONCORDE
75008 - PARIS

métro Concorde

TÉL : 01 44 71 16 16 • FAX : 01 44 71 15 02

Amex, Visa, Master Card, Diner's, JCB

Chef
DOMINIQUE BOUCHET

Director
PATRICE WILLEMS

The breathtakingly beautiful place de la Concorde is home to the historic Hôtel de Crillon and its extraordinary Les Ambassadeurs restaurant and salons. Exquisitely graceful multi-colored marbles form the décor, and Dominique Bouchet's cuisine, served by a dream team of waiters, is every bit as refined and elegant as the surroundings : Spring vegetables with summer truffles, olive oil and pure sea salt ; Roast turbot, New Zealand spinach with half salted butter, preserved tomatoes and thyme ; Pigeon casserole, baby turnips and honey glazed pear ; Iced meringue vacherin, apricot, blackcurrant and vanilla.

Lunch : Monday to Sunday · **Dinner** : Monday to Sunday
MENU : Lunch 380F (58€) - Dinner 780F (119€)

A LA CARTE : 700F (107€)
Déjeuner : Lundi au Dimanche · Dîner : Lundi au Dimanche

La plus belle place du monde ne pouvait rêver meilleure enseigne gourmande que l'historique Hôtel de Crillon et son extraordinaire salon des Ambassadeurs aux marbres polychromes. Servie par une brigade de rêve, la cuisine de Dominique Bouchet, est à la hauteur du décor : légumes de printemps aux truffes d'été, huile d'olive et fleur de sel ; turbot rôti, tétragones au beurre demi-sel, tomates confites au thym ; pigeon à la casserole, jeunes navets et poire glacée au miel ; vacherin glacé abricot, cassis, vanille.

AMPHYCLES

78, AVENUE DES TERNES
75017 - PARIS
métro Porte Maillot
TÉL : 01 40 68 01 01 • FAX : 01 40 68 91 88
Amex, Visa, Master Card

Chef-Proprietor
PHILIPPE GROULT

Proprietor
CATHY GROULT

Philippe Groult's restaurant is named after one of Antiquity's great chefs, and Groult spent 9 years working with Joël Robuchon (need we say more?). His marvelous modern cuisine embraces the glow of the past; it's the total opposite of "fashionably exotic" food. Enter the refined dining room with its first-class service and fall under the charm of his boneless crab served in its shell, jumbo turbot with mushroom-flecked risotto or glazed duck with orange zest. It's a safe bet you'll remember what you ate for the rest of your life!

Lunch : *Monday to Friday* - Dinner : *Monday to Saturday*
MENU : Lunch 290F (44 €) - Dinner 580F (88 €)

A LA CARTE : 600F (91 €)
Déjeuner : *Lundi au Vendredi* - Dîner : *Lundi au Samedi*

Philippe Groult est plus que jamais le roi de ce quartier proche de la Porte Maillot. Son intimiste maison est un hâvre de bonheur gourmand. Les neuf ans qu'il a passés avec Joël Robuchon ont marqué ce grand cuisinier. Pour autant, il ne copie pas son maître lorsqu'il propose la soupière d'oursins et de couteaux à la mousseline de foie gras, la canette rôtie à l'orange et à la coriandre, le quartier de porcelet confit aux lentilles vertes du Puy et la pêche laquée sur un sablé au beurre demi-sel. La cave est très belle et le service précis.

L'ARPÈGE

84, RUE DE VARENNE
75007 - PARIS
métro Varenne
TÉL : 01 47 05 09 06 • FAX : 01 44 18 98 39
Amex, Visa, Master Card, Diner's, JCB

Chef-Proprietor
ALAIN PASSARD

Maître d'
FRÉDÉRIC LECLAIR
Dining room Manager
LAURENT LAPAIRE

Located in the midst of the French ministries, Alain Passard not only attracts government officials, but the whole world comes to be served in his dining room with its bright, modern sobriety, pear-wood panelling and Lalique crystal. He always announces the name of his suppliers and the ideal places where his ingredients come from (fish from Ile d'Yeu, lobsters from the Chausey, poultry from Ile-et-Vilaine, Anjou vegetables, etc.). He then prepares them with absolute respect for their purity – gaspacho and ice cream with Charroux mustard, sections of lobster with knobs of butter and courgette with mint, pigeon squab with roast coffee and soya flavours. Superb cellar.

Lunch : Monday to Friday · Dinner : Monday to Friday
From january 2001 - Lunch · Dinner : Tuesday to Saturday
MENU : Lunch 490F (69 €) - Dégustation : 1400F (197 €)

A LA CARTE : 1200F (169 €)
Déjeuner : Lundi au Vendredi · Dîner : Lundi au Vendredi
A partir de janvier 2001 - Déjeuner - Dîner : Mardi au Samedi

Au cœur des ministères, Alain Passard ne séduit pas seulement nos gouvernants : le monde entier accourt dans sa salle d'une sobriété lumineuse et moderne aux murs en bois de poirier et cristal Lalique. Annonçant le nom de ses fournisseurs et la provenance toujours idéale de ses produits (poissons de l'île d'Yeu, homards des Chausey, volailles d'Ile et Vilaine, légumes d'Anjou, etc.), il les apprête dans l'absolu respect de leur pureté : gaspacho et crème glacée à la moutarde de Charroux, tronçons de homard au beurre noisette et courgettes à la menthe, pigeonneau aux saveurs torréfiées de café et soja. Cave superbe.

Chef
ERIC LECERF

Director
ANTOINE HERNANDEZ

L'ASTOR
HOTEL ASTOR
11, RUE D'ASTORG
75008 - PARIS
métro Saint-Augustin
TÉL : 01 53 05 05 20 • FAX : 01 53 05 05 30
Amex, Visa, Master Card, Diner's, JCB

When the number one chef of our times, Joël Robuchon, eased into "false" retirement, he agreed to lend his culinary soul to this first-class hotel restaurant. One of his talented disciples, Eric Lecerf, mans the stove, and his former head wine steward, Antoine Hernandez, oversees the remarkable service in the dining room. Here, you'll discover some "cult" dishes from the Robuchon repertoire, and others that owe much to his inspiration : spider crab in an anisette-flavored aspic ; bass cooked in its skin in a verjus sauce ; choice squab with cabbage and foie gras... all worth their weight in gold!

Lunch : Monday to Friday - Dinner : Monday to Friday
MENU : 298F (45€) (wine included) - Dégustation 580F (88€) (wine included)

A LA CARTE : 500F (76€)
Déjeuner : Lundi au Vendredi - Dîner : Lundi au Vendredi

Joël Robuchon, ce mi-retraité qui s'active sur tous les continents, premier cuisinier de notre temps, a accepté d'être l'âme de ce restaurant d'hôtel. Un de ses disciples doués, Eric Lecerf, est aux fourneaux et son ancien chef-sommelier, Antoine Hernandez, dirige en salle un service remarquable. Venez retrouver ici quelques plats du répertoire culte de Robuchon et d'autres, qui doivent également beaucoup à l'inspiration d'Eric Lecerf : araignée de mer en gelée anisée, blanc de bar en peau sauce verjutée, suprêmes de pigeon au chou et au foie gras. Du travail d'orfèvre.

LE BRISTOL
HOTEL BRISTOL

112, RUE DU FAUBOURG-SAINT-HONORÉ
75008 - PARIS
métro Miromesnil - Champs-Elysées-Clémenceau
TÉL : 01 53 43 43 40 • FAX : 01 53 43 43 01
Amex, Visa, Master Card, Diner's, JCB
email : resa@hotel-bristol.com

Chef
ERIC FRÉCHON

General Manager
PIERRE FERCHAUD

Michel Del Burgo's successor, the award-winning Eric Frechon, now presides over the kitchens of this superb flower-filled restaurant in the Faubourg Saint-Honoré's most prestigious hotel. The chef's sauces are true works of art and he has an innate sense of how to cook his carefully selected produce in just the right way. The talended and attractive sommelière, Catherine Arnaud-Vulin, will help you discover and delight in the range of fine wines.

Lunch : Monday to Sunday - **Dinner** : Monday to Sunday
MENU : 360F (55 €) - Dégustation : 680F (104 €)

A LA CARTE : 600F (91 €)
Déjeuner : Lundi au Dimanche · Dîner : Lundi au Dimanche

Succédant à Michel Del Burgo, c'est Eric Frechon, "MOF" (Meilleur Ouvrier de France), qui officie désormais dans les cuisines de ce superbe et très fleuri restaurant du palace le plus prestigieux du Faubourg Saint-Honoré. Orfèvre dans l'élaboration des sauces, ce chef possède le don de "cuire juste" tous les produits qu'il choisit avec rigueur. A déguster et découvrir avec autant de plaisir, les vins que vous suggère la jolie et talentueuse sommelière, Catherine Arnaud-Vulin.

CARRÉ DES FEUILLANTS

14, RUE DE CASTIGLIONE
75001- PARIS
métro Tuileries
TÉL : 01 42 86 82 82 • FAX : 01 42 86 07 71
Amex, Visa, Diner's, JCB

Chef-Proprietor
ALAIN DUTOURNIER

Maîtres d'
PATRICK VILDARY
PHILIPPE MACQUET

Two paces from Place Vendôme, Alain Dutournier innovates every day. The new decor is articulated around a patio full of flowers, that marries stone paving with wrought iron furniture, and is flanked by two very light dining rooms, decorated with prints and coloured paintings, with two noble wood panelled lounges. The tableware is modern and the table linen is in perfect harmony. The cuisine is far from being locked up within Landes regional tradition and sparkles with creativity: fine scallop pancake and Albabouillon white truffle, with a lobster and fresh almond sauce, farm-style crispy egg with sturdy asparagus, Russian dessert with pistachio. The cellar is grandiose and you can buy some bottles to take home with you in the cellar shop. The prices are reasonable for the great happiness that this perpetually good-natured Gascon serves up.

Lunch : Monday to Friday - Dinner : Monday to Saturday
MENU : Lunch 340F (48€) - Dinner "Idées de la saison" :880F (124€)

A LA CARTE : 600F (84€)
Déjeuner : Lundi au Vendredi - Dîner : Lundi au Samedi

A deux pas de la place Vendôme, Alain Dutournier se bat à chaque instant pour préserver "l'exceptionnel". Le nouveau décor s'articule autour d'un patio fleuri mariant pavés et meubles en ferraille ouvert sur deux salles à manger très claires ornées d'estampes et de peintures colorées et deux salons en boiseries précieuses (ligne de vaisselle contemporaine et linge de table en harmonie). La cuisine, loin d'être enfermée dans le régionalisme landais, éclate de créativité : fine galette St-Jacques et truffe blanche d'Alba - bouillon glacé de homard et d'amandes fraîches - œuf fermier croustillant aux grosses asperges - russe pistaché. Cave grandiose dont certaines bouteilles sont proposées à emporter à la boutique du sous-sol. Prix sages pour l'énorme bonheur que nous offre ce Gascon toujours de bonne humeur.

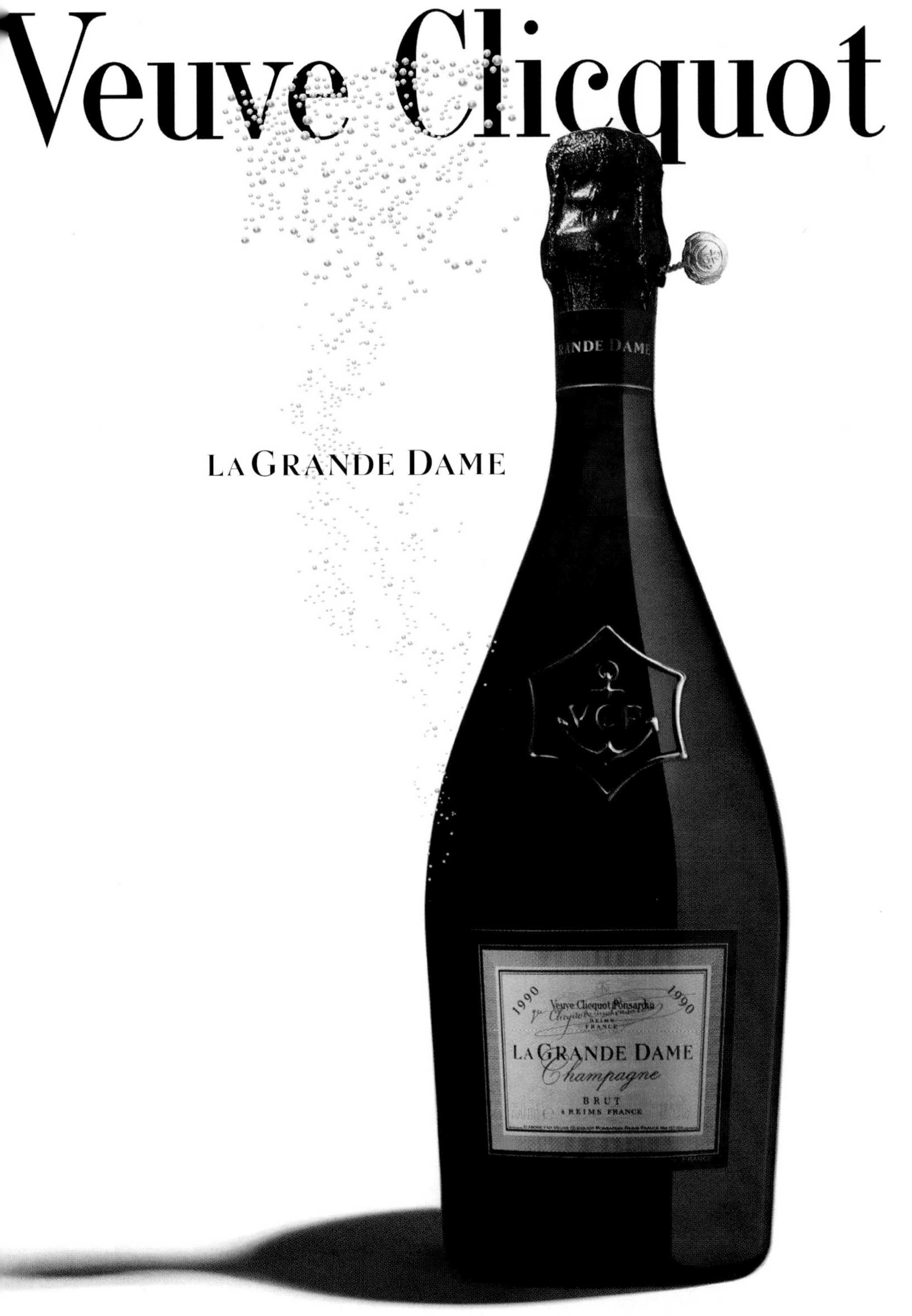

Veuve Clicquot

LA GRANDE DAME

1990 — Veuve Clicquot Ponsardin — 1990
REIMS
FRANCE

LA GRANDE DAME
Champagne
BRUT
À REIMS FRANCE

Chef
PHILIPPE LEGENDRE

Restaurant Manager
ERIC BEAUMARD

LE CINQ

HOTEL FOUR SEASONS GEORGE V
31, AV. GEORGE-V
75008 - PARIS
métro George-V
TÉL : 01 49 52 71 54 • FAX : 01 49 52 70 10
Amex, Visa, Diner's, Master Card, JCB

"A great culinary experience begins with a dream and should come true simply" is the philosophy of Philippe Legendre, the chef who came from Taillevent to take over the restaurant of a splendidly revived luxury hotel, the Four Seasons George-V. The warm, traditional "pot au feu" vegetable salad, pan fried sole with seaweed in marinière sauce, young Bresse chicken and lobster in a lute-sealed casserole, and the part-salted caramel flake pastry speak for him. The pre-theatre menu, a cellar filled with fine vintages, professional service and elegant atmosphere add to the pleasure of dining here.

Lunch : Monday to Friday · **Dinner** : Monday to Saturday
MENU : Lunch 393F (60 €) - Dinner 983F (150 €)

A LA CARTE : 600F to 900 F (91 to 137 €)
Déjeuner : Lundi au Vendredi · Dîner : Lundi au Samedi

"Vivre un grand moment à table commence par le rêve et se poursuit dans la simplicité", voilà la philosophie de Philippe Legendre, le cuisinier venu de Taillevent pour reprendre la table luxueuse d'un palace ressuscité avec faste, le Four Seasons George-V. La salade tiède de légumes "pot-au-feu" d'antan, le dos de sole poêlé aux algues sauce marinière, la poulette de Bresse et homard en cocotte lutée et le nid feuilleté au caramel demi-sel témoignent pour lui. Le menu avant-spectacle, la cave pleine de jolis crus, le service professionnel et l'ambiance élégante ajoutent au bonheur d'être ici.

DROUANT

18, PLACE GAILLON
75002 - PARIS
métro Opéra
TÉL : 01 42 65 15 16 • FAX : 01 49 24 02 15
Amex, Visa, JCB

Chef-Director
LOUIS GRONDARD

Maître d'
JAMES BERTHELOT

The celebrated salon that plays host to literature's Prix Goncourt jury is upstairs. But if you're here to appreciate chef Louis Grondard's brilliant cuisine, you're best off downstairs in the majestic art deco dining room at the foot of a monumental staircase designed by Ruhlmann. There you'll savor the finesse and elegance of the renowned master's sea scallops on the half shell with salted butter, pan-roasted fillets of red mullet in minestrone, and farm-fresh, double-cooked Dombes duckling served with preserved onions and split-pea purée. Wonderful game in season, with service and a cellar to match the rest.

Lunch : Monday to Friday · **Dinner** : Monday to Friday
MENU : Lunch 290F (44 €) - Dinner 650F (99 €)

A LA CARTE : 800F (122 €)
*Déjeuner : Lundi au Vendredi - **Dîner** : Lundi au Vendredi*

Le célèbre salon où se réunit le jury du prix Goncourt est à l'étage. Mais si vous voulez apprécier la lumineuse cuisine du chef, Louis Grondard, dans toute la majesté Art-déco de cette grande maison, c'est au rez-de-chaussée, au pied du monumental escalier signé Ruhlmann, que vous serez le mieux. A vous alors le bonheur de savourer la finesse, l'élégance des coquilles Saint-Jacques à la coque au beurre demi-sel, filets de rouget barbet poêlés en minestrone, canette fermière des Dombes en deux cuissons oignons confits et purée de pois cassés. Grands gibiers en saison. Service et cave, au diapason.

Executive chef
MAURICE GUILLOÜET

Director of food & beverage
JEAN-MARIE MARCADIER

L'ESPADON
HOTEL RITZ

15, PLACE VENDÔME
75001 - PARIS
métro Opéra
TÉL : 01 43 16 30 80 • FAX : 01 43 16 33 75
Amex, Visa, Master Card, Diner's, JCB

Housed in a luxury hotel more than a hundred years old, that used to welcome Coco Chanel, Hemingway, Marcel Proust and the Duke and Duchess of Windsor, the cuisine here is nothing less than sumptuous. The new chef, Maurice Guillouët, a disciple of Joël Robuchon, moved here from the Robuchon-Taillevent restaurant in Tokyo. Guillouët's cuisine is flavoursome and balanced, yet daring, elegant and generous. Here, all is discretion, luxury and perfection. The produce is faultless, the cuisine polished, and the presentation a marvel. The cellar offers the best of French vineyards and the service reaches an unparalleled level of perfection. A great French institution.

Everyday
MENU : Lunch 400 to 850 F(61 to130 €)

A LA CARTE : 850F (130 €)
Tous les jours

Dans un palace de plus de 100 ans qui accueillit Coco Chanel, Hemingway, Marcel Proust et les Windsor, la cuisine ne peut qu'être fastueuse. Le nouveau chef, Maurice Guillouët, venu du restaurant Robuchon-Taillevent à Tokyo, élabore une cuisine savoureuse, faite d'équilibre et d'audace, d'élégance et de générosité. Ici, tout n'est que discrétion, luxe et perfection. Les produits sont irréprochables, les cuissons ciselées et les présentations de toute beauté. La cave offre le meilleur du vignoble français et le service frise la perfection, comme nulle part ailleurs. Une grande maison française.

FAUGERON

52, RUE DE LONGCHAMP
75116 - PARIS
métro Trocadéro
TÉL : 01 47 04 24 53 • FAX : 01 47 55 62 90
Amex, Visa, Master Card, JCB

Chef-Proprietor
HENRI FAUGERON

Proprietor
GERLINDÉ FAUGERON

Henri Faugeron is a master chef who steers clear of the media so that he can devote himself 100% to the many happy customers who frequent his attractive restaurant. His wife Gerlindé is a delightful hostess, and Jean-Claude Jambon, voted the world's best wine steward in 1986, dispenses top-notch advice. Be sure not to miss the soft-boiled eggs with truffle purée, lobster in puff pastry, Corrèze veal sweetbreads with morel mushrooms and veal knuckles in violet mustard sauce.

Lunch : Monday to Friday - **Dinner** : Monday to Friday
MENU : Lunch 340F (52 €) - Dinner 580F (88 €)

A LA CARTE : 620F (95 €)
Déjeuner : Lundi au Vendredi - Dîner : Lundi au Vendredi

Le nouveau décor sied encore mieux à la cuisine néo-classique, inventive cependant, du discret, modeste et tellement talentueux Henri Faugeron. Cet artiste-artisan dont nous admirons depuis des années l'œuf coque à la purée de truffe, le vol-au-vent de homard et le jarret de veau de Corrèze, (sa patrie d'origine) à la moutarde violette est à l'aune du reste, exemplaire et marqué du sceau du bon sens cuisinier. Les précieux conseils de Jean-Claude Jambon, meilleur sommelier du monde, le service parfait et, plus encore, la présence lumineuse à l'accueil et en salle de Gerlindé Faugeron indiquent que vous êtes ici dans un des tout meilleurs restaurants de Paris.

Chef-Director
GUY MARTIN

Maître d'
CHRISTIAN DAVID

LE GRAND VEFOUR

17, RUE DE BEAUJOLAIS
75001 - PARIS
métro Palais Royal
TÉL : 01 42 96 56 27 • FAX : 01 42 86 80 71
Amex, Visa, Master Card, Diner's, JCB

This renowned establishment nestled under the arcades of the Palais-Royal was marvelously renovated some fifteen years ago by its owner, the Taittinger Group. It's no secret that this is one of Paris's finest restaurants, largely due to the consummate talents of its head chef, Savoyard Guy Martin. Whether you've reserved the table favored by Cocteau or Colette – regulars from the time of Raymond Oliver, whose memory is still very much alive in this great house – or even Victor Hugo's table, you'll be amazed by Martin's extraordinary cuisine: salmon trout meunière, golden frogs' legs browned in garlic, mocha-covered rack of lamb with eggplant preserves, oxtail and potato casserole with truffles, and some outrageously good desserts. Exceptional cellar and service.

Lunch : Monday to Friday - **Dinner** : Monday to Friday
MENU : Lunch 390F (55 €) - Dinner 960F (135 €) (menu dégustation)

A LA CARTE : 800F (99 €)
Déjeuner : Lundi au Vendredi - *Dîner* : Lundi au Vendredi

Merveilleusement rénové il y a quinze ans par son propriétaire, le groupe Taittinger, le Grand Véfour, sous les arcades et le péristyle du Palais-Royal, est une des toutes premières tables de Paris. Grâce en soit rendue à son chef-directeur-général, le Savoyard Guy Martin. Que vous ayez réservé la table de Cocteau, celle de Colette, habitués du temps de Raymond Oliver dont le souvenir reste à jamais attaché à cette grande maison, ou même celle de Victor Hugo, vous allez être ébloui par l'omble-chevalier meunière, les cuisses de grenouilles blondes dorées à l'ail, le carré d'agneau pané au moka et pulpe d'aubergines confites, le parmentier de queue de bœuf aux truffes et les grands desserts. Cave et service exceptionnels.

Bois de Boulogne ★

La Grande Cascade

ALLÉE DE LONGCHAMP
75016 - PARIS
TÉL : 01 45 27 33 51 • FAX : 01 42 88 99 06
Amex, Visa, Master Card, Diner's, JCB
http ://www.lagrandecascade.fr

Chef
JEAN-LOUIS NOMICOS

Proprietors
ANDRÉ MENUT
GEORGES & BERTRAND
MENUT

Jean-Louis Nomicos, a talented disciple of Alain Ducasse, has set himself up in this Napoleon III terraced restaurant a few steps from Longchamp racecourse. In this country setting, in a decor worthy of an Offenbach operetta, the Menut family, whose professionalism is faultless, provide perfect service for an equally perfect cuisine and cellar: black truffle macaroni with celery, lobster with artichokes in a hot pepper sauce and chestnut honey, balsamic vinegar, wild strawberries in jelly with rosemary, cottage cheese ice cream, crispy pistachio pastry.

Lunch : Monday to Sunday · *Dinner :* Monday to Sunday
MENU : 355F (54 €)

A LA CARTE : 700F (107 €)
Déjeuner : Lundi au Dimanche - *Dîner :* Lundi au Dimanche

Disciple doué d'Alain Ducasse, Jean-Louis Nomicos a pris ses marques, à deux pas de l'hippodrome de Longchamp, dans ce restaurant-terrasse Napoléon III. Au milieu de la nature, la famille Menut au professionnalisme jamais pris en défaut, offre dans ce décor digne d'une opérette d'Offenbach, un service parfait pour une cuisine et une cave exemplaires : macaroni aux truffes noires et céleri, homard bleu aux artichauts poivrades et miel de châtaignier, vinaigre balsamique, fraises des bois en gelée au romarin, crème glacée au fromage blanc, croustillant à la pistache.

Chef-Proprietor
GUY SAVOY

Maître d'
LAURENT JACQUET

GUY SAVOY

18, RUE TROYON
75017 - PARIS
métro Charles-De-Gaulle-Etoile
TÉL : 01 43 80 40 61 • FAX : 01 46 22 43 09
Amex, Visa, Master Card, Diner's, JCB
http://www.guysavoy.com - e-mail: reserv@guysavoy.com

Guy Savoy is an artist. He scrupulously selects his ingredients according to their origins and pays them the utmost respect, orchestrating the extraordinary variations on flavors and textures that have earned him his golden reputation. The end result is some of the finest fare in the world, classics deftly reinterpreted with cutting-edge culinary techniques, like Savoy's amazing pan-fried mussels and wild mushrooms in "Land and Sea" jus. Its splendid dining room is a showplace for modern art, and the service is always impeccable. Member of "Relais et Châteaux" and the "Traditions et Qualité".

Lunch : Monday to Friday - **Dinner** : Monday to Saturday
MENU Degustation 980F (149€)

A LA CARTE : 800F (122€)
Déjeuner : Lundi au Vendredi - Dîner : Lundi au Samedi

Tous les grands cuisiniers ont de fortes qualités humaines. Celles de Guy Savoy sont exceptionnelles. Ce doux barbu passionné de rugby allie la bonté et la générosité à un fantastique talent de cuisinier. Dans un cadre contemporain, imaginé par l'architecte Jean-Michel Wilmotte, orné de toiles modernes, il faut goûter les huîtres en nage glacée, le bar en écailles grillé aux épices douces, le pigeon poché-grillé avec sa salade tiède de printemps, la côte de veau rôtie et sa purée truffée, la terrine de pamplemousse au thé. Le sommelier Eric Mancio extrait, d'une formidable cave, des vins d'un remarquable rapport qualité-prix. Service parfait.

JACQUES CAGNA

14, RUE DES GRANDS-AUGUSTINS
75006 - PARIS
métro Saint-Michel
TÉL : 01 43 26 49 39 • FAX : 01 43 54 54 48
Amex, Visa, Master Card, Diner's, JCB

Chef-Proprietor
JACQUES CAGNA

Proprietor
ANNIE LOGEREAU

The spirit of this historic town house decorated in oak panelling and Flemish paintings never ages. The owner-chef, Jacques Cagna, specialises in a creative cooking with very distinct flavours based on superb products. The Carpaccio of red sea bream and celery and caviar rémoulade, Veal chop with ginger, Houdan chicken served as two dishes, and the Paris-Brest dessert are magnificently served by a truly exceptional wine list. His sister Annie's welcome is, as always, kind and friendly.

Lunch : Tuesday to Friday · **Dinner** : Monday to Saturday
MENU Lunch : 270F (41 €) - **Dinner : 490F (75 €)**

A LA CARTE : 480F (73 €)
Déjeuner : Mardi au Vendredi · Dîner : Lundi au Samedi

L'esprit de cet historique hôtel particulier décoré de boiseries de chêne et de peintures flamandes ne vieillit pas. Son chef-propriétaire, Jacques Cagna, privilégie toujours une cuisine créative aux goûts nets qui s'appuie sur des produits splendides. Carpaccio de dorade rose et rémoulade de céleri au caviar, côte de veau de lait au gingembre, poularde de Houdan en deux services et Paris-Brest sont magnifiquement servis par une carte des vins exceptionnelle. L'accueil de sa sœur, Annie, est toujours au beau fixe et tout en gentillesse amicale.

LE JULES VERNE

2E ÉTAGE DE LA TOUR EIFFEL
75007 - PARIS
métro Trocadéro
TÉL : 01 45 55 61 44 • FAX : 01 47 05 29 41
Amex, Visa, Master Card, Diner's, JCB

Chef-Director
ALAIN REIX

Maître d'
ARNAUD TACHI

 The splendid Eiffel Tower dining room offers diners panoramic vistas of Trocadéro and the parade of bridges spanning the Seine. With designer Slavik's elegant décor as a backdrop, they revel in Alain Reix's succulent "land and sea" cuisine, punctuated by gracious service. Specialties include puff pastries filled with crab and shrimp cream; pan-roasted langoustines and lobster with citrus fruit jus; baked veal sweetbreads; veal rib steak with mushrooms and cristalline of raspberries with Brouilly sherbet. It's no wonder Parisians and visitors alike flock to this magical place for long, leisurely meals!

Lunch : Monday to Sunday · Dinner : Monday to Sunday
MENU : Lunch (from Monday to Friday) 290F (44 €) - Dinner 680F (104 €)

A LA CARTE : 700F (107 €) - 800F (122 €)
Déjeuner : Lundi au Dimanche · Dîner : Lundi au Dimanche

La cuisine généreuse et inventive de Alain Reix est à la hauteur... de ce deuxième étage de la Tour Eiffel. Dans le décor épuré et contemporain de Slavik, rien ne vous sépare, hormis les vitres, de la plus belle vue sur l'enfilade des ponts de la Seine, de tout Paris et de ses environs. Ebahi, vous ne saurez ce qui est le plus admirable, de ce spectacle unique ou des merveilles culinaires ici proposées : pains soufflés au tourteau et crème de crevettes grises, langoustines et homard poêlés jus aux agrumes, ris de veau au four, entrecôte de veau aux champignons, cristalline aux framboises et sorbet au brouilly. Service remarquable et très grande cave. Ascenseur direct et privé.

Château Giscours

GRAND CRU CLASSÉ EN 1855

MARGAUX

1990

APPELLATION MARGAUX CONT...

MIS EN BOUTEILLE AU CH...

PAR S A E DU CHÂTEAU GISCOURS A LABARDE 33460 MARGAUX...

.chateau-giscours.fr

SANDEMAN
EST 1790

PORTO, SHERRY & MADEIRA

In 1790, a young Scotsman by the name of George Sandeman started as wine merchant in London, specializing in wines from Portugal and Spain.

Today, seven generations of family have built on tradition with innovation, and made The House of Sandeman a respected shipper of Port, Sherry and Madeira wines worldwide.

Vau Vintage combines the fruit and power of truly great Port with an accessible style that shows good aging potential but is enjoyable to drink now

SANDEMAN'S
PORT

"A poster must be expressive and have bold, clean colors - both of which conduce to compel the passerby to look at it"

Jean d'Ylen, Paris 1926

www.sandeman.com

SANDEMAN - 200 YEARS OF QUALITY TRADITION

LASSERRE

17, AVENUE FRANKLIN-ROOSEVELT
75008 - PARIS
métro Franklin-Roosevelt
TÉL : 01 43 59 53 43 • FAX : 01 45 63 72 23
Amex, Visa, Master Card, Diner's, JCB

Chef
MICHEL ROTH

Director
MONSIEUR LOUIS

Lasserre, with its famous roof open to the sky, is a monument of world repute. This upper story dining room, beloved of André Malraux and many others, with its 1950s decor fully restored, is one of the high spots of good food in Paris. Michel Roth, designated "best practitioner in France", offers Challans duck a l'orange, one of the restaurant's great specialities, but also lamb rosettes in a coat of herbs, or more simply a roast fillet of turbot with rosemary. The busy service and Monsieur Louis's attentiveness deserve a prize for excellence.

Lunch : Tuesday to Saturday · Dinner : Monday to Saturday

A LA CARTE : 800F (122 €)
Déjeuner : Mardi au Samedi · Dîner : Lundi au Samedi

Lasserre est un monument avec son fameux toit ouvrant "plein ciel", de réputation mondiale. Cette salle à manger d'étage, qu'affectionnait André Malraux, et bien d'autres, au décor "années cinquante" entièrement rénové, n'en est pas moins un des hauts lieux parisiens du bien-manger. Michel Roth, Meilleur Ouvrier de France, vous propose le canard de Challans à l'orange - un grand classique de la maison - mais aussi les rosettes d'agneau en chemise d'herbes ou, plus simplement, le tronçon de turbot rôti aux aiguilles de romarin. Le ballet des serveurs et l'empressement de Monsieur Louis, méritent la palme de l'excellence.

Chef
PHILIPPE BRAUN

Director general
EDMOND EHRLICH

LAURENT

41, AVENUE GABRIEL
75008 PARIS
métro Champs-Elysées-Clémenceau
TÉL : 01 42 25 00 39 • FAX : 01 45 62 45 21
Amex, Visa, Master Card, Diner's
email : info@le-laurent.com

This luxurious gourmet institution near the Elysée palace is housed in a nineteenth century edifice designed by Hitorff. In a spectacular rotunda hung with old masters a select clientele serves as audience to a ballet of perfect service conducted with great flair by Philippe Bourguignon. As soon as the mild spring weather permits, the show goes on outside on the very popular patio. The cuisine of the chef, Philippe Braun from the Joël Robuchon school, is in a classical tradition adapted to present day tastes.

Lunch : Monday to Friday - **Dinner :** Monday to Sunday (June to October)
MENU : Lunch 390F to 750F (60 to 114 €) - Dinner 390F to 750F (60 to 114€)

A LA CARTE : 950F (145€)
Déjeuner : Lundi au Vendredi - **Dîner :** Lundi au Dimanche (de Juin à Octobre)

Proche du palais de l'Elysée, cette institution gourmande autant que luxueuse, dirigée depuis 24 ans par Edmond Ehrlich, une figure de la restauration parisienne, est abritée dans un pavillon XIXème construit par Hitorff. Dans un spectaculaire décor de rotonde, avec tableaux de maîtres ou, dès les beaux jours, sur la délicieuse terrasse très courue, c'est au joli ballet du service parfait – dirigé avec doigté par Philippe Bourguignon – qu'assiste un public trié sur le volet. La cuisine du chef, Philippe Braun, qui œuvre sous la houlette de Joël Robuchon, est à l'aune d'un classicisme revu à la mesure du temps présent.

LEDOYEN

1, AVENUE DUTUIT
75008 PARIS
métro Champs-Elysées-Clémenceau
TÉL : 01 53 05 10 00 • FAX : 01 47 42 55 01
Amex, Visa, Master Card, Diner's, JCB

Chef
CHRISTIAN LE SQUER

Maître d'
PATRICK SIMIAND

Christian Le Squer is the new chef at this celebrated Champs-Elysées pavilion. His exceptional talent, puts Ledoyen among Paris's finest restaurants. Maître d' Patrick Simiand, who worked with Christian at the Inter-Continental's Opéra restaurant, will gladly describe the culinary master's dishes in detail. Delight in plump sea scallops breaded in buckwheat flour and served on a bed of creamed wild mushrooms, sautéed frogs' legs on a crumbly fennel-foie gras tart, braised turbot and mashed potatoes with truffle butter, wild duck, and orange crisp for dessert. Expert steward Alain Loiseau is the man to trust with your wine choice.

Lunch : Monday to Friday - **Dinner** : Monday to Friday
MENU : Lunch 320F (49 €) - Dinner 620F (95 €)

A LA CARTE : 800F (122 €)
Déjeuner : Lundi au Vendredi - **Dîner** : Lundi au Vendredi

Christian Le Squer est le nouveau chef de ce célèbre pavillon des Champs-Elysées. Son exceptionnel talent, peaufiné chez le Divellec et Senderens entre autres, place Ledoyen parmi les toutes premières tables de Paris. Laissez Patrick Simiand, le directeur de salle, qui faisait déjà équipe avec Christian au restaurant Opéra de l'Inter-Continental, vous commenter la carte. Vous allez être ébloui par les grosses coquilles Saint-Jacques panées au sarrasin sur une crème de cèpes, les grenouilles sautées sur une tarte friable de fenouil au foie gras, le turbot braisé et pommes rattes écrasées au beurre de truffe, le canard sauvage et crumble à l'orange. Pour les vins, faites totale confiance au sommelier Alain Loiseau.

Chef
FRÉDÉRIC ROBERT

Chef-Proprietor
ALAIN SENDERENS

LUCAS CARTON

9, PLACE DE LA MADELEINE
75008 - PARIS
métro Madeleine
TÉL : 01 42 65 22 90 • FAX : 01 42 65 06 23
Amex, Visa, Master Card, Diner's, JCB

 Alain Senderens, that true philosopher of cuisine, exceptionally assisted by Frédéric Robert, is one of the greatest living artists of the cooking stove. No man has investigated such hedonist combinations between food and wine (served by the glass) as he. Heady blends like the stuffed courgette flowers with golden fried frogs' legs and a 1997 Châteauneuf du Pape, take on a whole new dimension in the listed Majorelle 1900's decor of this unique venue. There is also sauteed strawberries with caramel and fromage blanc ice, served with 1999 Cap Corse Muscat. The cigars are also excellent.

Lunch · Dinner : Monday evening to Fryday
MENU DÉJEUNER AFFAIRES : 395F (55€)

A LA CARTE : 1100F (154€)
Déjeuner · Dîner : Lundi soir au Vendredi

Véritable philosophe de la cuisine, Alain Senderens, remarquablement secondé par Frédéric Robert, est un des plus grands artistes des fourneaux vivants. Nul n'a approfondi autant que lui l'étude des mariages les plus hédonistes entre mets et vins (servis au verre) qui prennent une dimension exceptionnelle dans le décor 1900 de Majorelle classé au Monuments Historiques. Parmi ces sommets des accords, découvrez par exemple les fleurs de courgettes farcies et cuisses de grenouilles dorées avec un chateauneuf du Pape blanc 1997, les fraises sautées au caramel et glace au fromage blanc avec un muscat du Cap Corse 1999. Admirable service de cigares.

MICHEL ROSTANG

20, RUE RENNEQUIN
75017 - PARIS
métro Ternes
TÉL : 01 47 63 40 77 • FAX : 01 47 63 82 75
Amex, Visa, Master Card, Diner's, JCB
http://www.michelrostang.com

Chef-Proprietor
MICHEL ROSTANG

Proprietor
MARIE-CLAUDE ROSTANG

Michel Rostang is at the summit of his art when he whips up his prodigious winter-time truffle menu - probably the best in the world. However, the other three seasons have charms of their own in his marvelous restaurant, decorated with Belle Epoque curios in tribute to Lalique. There he enchants us with a cuisine that brims over with personality and common sense: an admirable crayfish gratin; a menu of chopped sea scallops and bass; Bresse Mieral chicken with pureed potatoes, served twice. Wine steward Alain Ronzatti reigns over one of Paris' most splendid cellars, and Marie-Claude Rostang is a genuinely gracious hostess.

Lunch : Tuesday to Friday - **Dinner :** Monday to Saturday
MENU : Lunch 365F (51€) - Dinner 685F (96€) - 880F (124€)

A LA CARTE : 800F (112€)
Déjeuner : Mardi au Vendredi - Dîner : Lundi au Samedi

Michel Rostang est au sommet de son art quand, en hiver, il mitonne son prodigieux menu-truffe, peut-être le meilleur du monde. Sinon, toute l'année, dans son merveilleux restaurant décoré de bibelots Belle Epoque rendant hommage au grand verrier d'art Lalique, il nous enchante avec une cuisine pleine de personnalité et de bon sens : gratin d'écrevisses admirable, haché-menu de coquilles Saint-Jacques et de bar, et volaille de Bresse Miéral à la purée de pommes de terre en deux services. Le sommelier Alain Ronzatti règne sur une des plus belles caves de la capitale et Marie-Claude Rostang est la plus parfaite des maîtresses de maison.

Chef
FRANÇOIS RODOLPHE

Maître d'
ERIC BUIRON

OPÉRA

LE GRAND HOTEL INTER-CONTINENTAL PARIS
5, PLACE DE L'OPÉRA
75009 - PARIS
métro Auber-Opéra
TÉL : 01 40 07 30 10 • FAX : 01 40 07 33 86
Amex, Visa, Master Card, Diner's, JCB

The composer Jacques Offenbach's spirit still haunts this dining room which is a listed historic building. François Rodolphe, the Basque chef, made his reputation in Alain Ducasse's team before winning his spurs at the Templiers. Since coming to the Opéra over a year ago he has made his mark with great talent and offers us his imaginative and flavorsome cuisine: Small "baroque" giant langoustine tarts, Pikeperch fillet with a smoked eel caramel; pan-fried Wild Duckling with pineapple and Galangal ginger.

Lunch : Monday to Friday - Dinner : Monday to Friday
MENU : Lunch 275 F (42 €) - Dinner 375F (57€)

A LA CARTE : 500F (76€)
Déjeuner : Lundi au Vendredi - Dîner : Lundi au Vendredi

L'âme de Jacques Offenbach flotte toujours dans cette salle-à-manger dont le décor est classé à l'inventaire des Monuments Historiques. François Rodolphe, le chef basque s'est fait une réputation dans l'équipe d'Alain Ducasse avant de gagner ses galons aux Templiers. Installé au restaurant Opéra depuis plus d'un an, il y marque son autorité avec talent et nous fait découvrir sa cuisine imaginative pleine de saveurs : petite tarte «baroque» de grosses langoustines royales, dos de Sandre au caramel d'anguilles fumées, canette sauvageonne poêlée à l'ananas et épices Galanga.

NOUS VOUS DÉVOILONS NOTRE DERNIER NEZ

- millésime 1995 -

Château Léoville Poyferré

SECOND CRU CLASSÉ

DEUTZ

Amour de Deutz

« L' Amour, c'est se réjouir du bonheur d'autrui ».

William *LEIBNIZ*

PIERRE GAGNAIRE

6, RUE BALZAC
75008 - PARIS
métro George-V
TÉL : 01 44 35 18 25 • FAX : 01 44 35 18 37
Amex, Visa, Master Card, Diner's

Chef
PIERRE GAGNAIRE

The "Team"
L'équipe

Pierre Gagnaire's genius is made up of equal proportions of impulsive intuition and careful thought. A poet of the cooking stove with a heart of gold, he immediately talks about the priceless loyalty of a team. His menu is the most inventive in Paris: for example, red mullet with Gillardeau oysters, buckwheat lasagne and ewe's milk sauce, or roast Challans duck with sticks of cinnamon, mango and pink grapefruit crumble, angelica biscuit, dry fruit Turkish delight and goat's curds and red berries. Very carefully worked out cellar.

Lunch - Dinner : Monday to Friday
MENU : DÉJEUNER DU MARCHÉ : 520F (73€) - Dégustation : 1090F (153€)

A LA CARTE : 900F (126€)
Déjeuner - Dîner : Lundi au Vendredi

L'intuition fulgurante et la réflexion composent à part égale le génial talent de Pierre Gagnaire. Poète des fourneaux au cœur énorme, il met en avant l'inappréciable fidélité d'une équipe. Sa carte est la plus inventive de Paris : rouget de roche aux huîtres Gillardeau, lasagne de blé noir et velouté de brebis, ou rôti de canard de Challans aux bâtons de cannelle, crumble de mangue et pamplemousse rosé, et biscuit soufflé à l'angélique, loukoums de fruits secs et caillé de chèvre et fruits rouge excitent la curiosité autant que les papilles. Cave très bien étudiée.

Chef
FRÉDÉRIC ANTON

Director
ELISABETH DEMAZEL

LE PRÉ CATELAN

BOIS DE BOULOGNE - ROUTE DE SURESNES
75016 - PARIS
métro Porte Dauphine
TÉL : 01 44 14 41 14 • FAX : 01 45 24 43 25
Amex, Visa, Master Card, Diner's, JCB

The gastronomic jewel in the crown of the firm of Lenôtre, this wildly charming Napoleon III pavilion set in the very heart of the Bois de Boulogne offers fun cuisine that is classical and simple in appearance but nevertheless is the creative fruit of one of Joël Robuchon's finest disciples, Frédéric Anton: Velvet Crab cooked in its shell, Fine herb and spice Jelly, Creamed young Fennel, Sea Bass Meunière, Fine preserved lemon Marmalade, Leek and Dates glazed in butter with lemon-thyme, Young Rabbit, Roast saddle of Hare, Pan fried Liver in vintage vinegar, Stewed Red Radish with Rillettes on toast; Braised Banana, Fritters, Rhum and Raisin Iced Cream pudding. Grand service and a fine cellar. The outdoor tables, come spring, are a delight.

Lunch : *Tuesday to Sunday* · **Dinner** : *Tuesday to Saturday*
MENU : Lunch 295F (45 €) - Dinner 550F (84 €) - 690F (105 €)

A LA CARTE : 700F (107 €)
Déjeuner : Mardi au Dimanche · Dîner : Mardi au Samedi

Fleuron gastronomique de la maison Lenôtre, ce pavillon Napoléon III d'un charme fou, sis au cœur même du bois de Boulogne, propose la cuisine ludique, en apparence classique et simple, mais cependant créative d'un des meilleurs disciples de Joël Robuchon, Frédéric Anton-l'étrille préparée en coque, fine gelée d'aromates, crème fondante de jeune fenouil ; le bar cuit meunière, fine marmelade de citron confit, poireaux et dattes glacés dans un beurre au thym citron ; le lapereau, le râble rôti, le foie juste poêlé au vieux vinaigre, marmelade de radis rouges, accompagnée d'une tartine de rillettes à la sariette ; banane étuvée, bugnes au sucre, crème glacée rhum-raisin. Grand service et belle cave. La terrasse est, dès les beaux jours venus, un enchantement.

Au Relais d'Auteuil

31, BOULEVARD MURAT
75016 PARIS
(ROLAND GARROS - PARC DES PRINCES)
Métro Michel-Ange-Molitor
TÉL. 01 46 51 09 54 - FAX : 01 40 71 05 03
Amex, Visa, Master Card

Chef-Proprietor
PATRICK PIGNOL

Proprietor
LAURENCE PIGNOL

Patrick Pignol loves his job, is well-versed in the wine domain (he's an experienced taster), and knows how to spread his own happy vision of gastronomy through the cuisine he serves. He eschews extravagance and over-seasoning, cooking his top-notch ingredients to the point of perfection instead. Try the roast turbot and artichokes with pepper sauce, or the farm-raised squab with a savory giblet jus. The décor and welcome are equally warm and inviting.

*Lunch : Tuesday to Friday - **Dinner** : Monday to Saturday*
MENU : 270 F (38 €)

A LA CARTE : 550F (77 €)
*Déjeuner : Mardi au Vendredi - **Dîner** : Lundi au Samedi*

Patrick Pignol aime son métier, connaît les vins - c'est un dégustateur avisé - et sait faire partager dans sa cuisine, une vision heureuse, charmeuse presque, de la gastronomie. Pas d'extravagances, peu d'épices, on peut en revanche compter sur la qualité du produit et la précision des cuissons d'un turbot rôti aux artichauts poivrade ou d'un pigeon fermier en cocotte servi avec le jus de ses béatilles. Le décor et l'accueil, également chaleureux, participent à la fête. Cette table est d'abord un lieu de plaisirs partagés.

Chef
MICHEL DEL BURGO

Proprietor
JEAN-CLAUDE VRINAT

TAILLEVENT

15, RUE LAMENNAIS
75008 - PARIS
métro Charles-De-Gaulle -Etoile - George-V
TÉL : 01 44 95 15 01 • FAX : 01 42 25 95 18
Amex, Visa, Master Card, Diner's, JCB

In the former residence of the Duke of Morny, now a restaurant named after the greatest chef of the Middle Ages, Jean-Claude Vrinat is a perfect host. The discrete tradition, the sheen on the old wood panelling and the simple luxury of this house, is a different world from the showy fashionable excesses and kitsch found elsewhere. Very great classical cuisine, with a touch of the modern – Breton lobster sausage with fennel, pan-fried slab of sea bass, pricked with thyme, duck liver escalope with Banyuls, lemon millefeuille with lemon and honey chutney. The cellar is one of the most sumptuous and comprehensive on Earth.

Lunch : Monday to Friday - **Dinner** : Monday to Friday
MENU Dégustation : 750F (105 €)

A LA CARTE : 850F - 1000F (119 - 140 €)
Déjeuner : Lundi au Vendredi - *Dîner* : Lundi au Vendredi

Dans l'ancienne résidence du Duc de Morny, devenue un restaurant dont le nom est un hommage au plus grand cuisinier du Moyen Age, Jean-Claude Vrinat est un maître de maison en tout point parfait. A mille lieues du faux brillant et des excès de la mode, sa maison est celle de la tradition feutrée, des boiseries patinées et du luxe sans ostentation. La grande cuisine classique de Michel del Burgo n'est pas dénuée d'une pointe de modernisme : boudin de homard breton au fenouil, pavé de bar poêlé piqué au thym, escalope de foie de canard au banyuls, millefeuille au citron et chutney de citron au miel. La cave figure parmi les plus somptueuses et les plus complètes de la planète.

LA TOUR D'ARGENT

15, QUAI DE LA TOURNELLE
75005 - PARIS
métro Pont-Marie
TÉL : 01 43 54 23 31 • FAX : 01 44 07 12 04
Amex, Visa, Master Card, Diner's, JCB
http : www.latourdargent.com

Maître d'
SERGE ROUSSEAU

Proprietor
CLAUDE TERRAIL

The most fascinating table in the world is forever linked with its legendary owner, Claude Terrail, the man with the carnation button hole. His delight is to delight us, with a breathtaking view over the Seine and Notre-Dame at every sitting. As to the present chef, he elaborates on the establishment's classics - Quenelles André Terrail, Tour d'Argent duckling - and brings his own personal touch to the repertoire. The cellar and the service remain as always the best in the world.

Lunch : *Tuesday to Sunday* - **Dinner** : *Tuesday to Sunday*
MENU : Lunch 350F (53 €)

A LA CARTE : 800F (122 €) - 1150F (175 €)
Déjeuner : Mardi au Dimanche - *Diner : Mardi au Dimanche*

La plus fascinante table du monde est liée pour l'éternité à la légende de Claude Terrail, son propriétaire, l'homme à l'œillet à la boutonnière. Son bonheur est de faire le nôtre en nous offrant à chaque service la vue plongeante, sublime, sur la Seine et Notre-Dame. Quant au chef actuel, il embellit les classiques de la maison - quenelles André Terrail, caneton Tour d'Argent - et apporte sa touche personnelle au répertoire. Cave et service restent, eux aussi, les premiers du monde.

Chef-proprietor
CHRISTIAN CONSTANT

Director
CATHERINE CONSTANT

AU VIOLON D'INGRES

135, RUE SAINT-DOMINIQUE
75007 - PARIS
métro Ecole -Militaire
TÉL : 01 45 55 15 05 • FAX : 01 45 55 48 42
amex,Visa, Master Card

The famed Christian Constant is a native of Montauban (Ingre's birthplace). He earned his reputation as a «grand hotel» chef, initially working at the Ritz, then wearing the toque for eight years at the Crillon. His classic roots have gradually given rise to a wonderful style of cooking where flavors, textures and aromas come together in a joyous mix : upside-down caramelized chitterlings and pig's trotter cake with melt-in-your-mouth bite-sized potatoes ; pan-roasted green pollack with chorizo sausage «scales» and white bean purée ; roasted peaches spiked with lemon verbena for dessert. The cellar is compact, but high-quality, and the atmosphere is a warm and friendly as can be Book early - reservations are a must !

Dinner : *Monday to Saturday*
MENU : 240F (37 €) - dégustation : 590F (83 €)

A LA CARTE : 450F (63 €)
Diner : Lundi au Samedi

Trois ans déjà que Christian Constant qui, pendant huit ans fit de l'hôtel Crillon une des toutes premières tables de Paris, s'est installé à son compte en rendant hommage à Ingres, le grand peintre natif, comme lui, de Montauban. Son succès total, immédiat, fait de ce restaurant pas très grand une adresse incontournable. Il faut réserver sa table pour apprécier une cuisine, toujours séduisante, sur le mode mi-terroir mi-inventive : tatin d'andouillette et de pied de porc caramélisés et moelleux de pommes rattes, poêlée de lieu jaune aux écailles de chorizo et à la purée de haricots blancs et pêches rôties-rafraîchies à la verveine. Cave assez courte mais de qualité.

CRAZY HORSE PARIS

L'ART DU NU

GASTRONOMIC CUISINE

From 300 F to 500 F

(Price without wine, tip and tax included)

CHAMPAGNE
Laurent-Perrier
ESTABLISHED 1812

Photo Michel Gibert

CHAMPAGNE
GRAND SIÈCLE
"La Cuvée"
par
Laurent-Perrier
BRUT

Boulogne

Au Comte de Gascogne

89, avenue Jean-Baptiste-Clément
92100 - Boulogne-Billancourt
métro Porte de Saint-Cloud
TÉL : 01 46 03 47 27 • FAX : 01 46 04 55 70
Amex, Visa, Master Card, Diner's

Maître cuisinier de France
HENRI CHARVET

Proprietor
JACKIE CHARVET

Dining in the covered garden here (the roof slides open in good weather) is the ultimate "getaway"! You're surrounded by exotic flowers and trees; a bubbling fountain and chirping birds provide the background music. The cuisine is as refreshing as the décor. The restaurant's name is inspired by a region famous for foie gras, so a number of succulent variations on this theme are served. There's also a remarkable lobster ragoût with shellfish sauce, which is not to be missed. The welcome and service are equally delightful... making this restaurant well worth the visit on all accounts! Great Armagnac cellar.

Lunch : *Monday to Friday* - **Dinner** : *Monday to Saturday*
MENU : Lunch 250F (38 €) - Dinner menu-dégustation 440F (67,08

A LA CARTE : environ 450F (69 €)
Déjeuner : Lundi au Vendredi - *Dîner : Lundi au Samedi*

A deux cents mètres du Jardin d'Albert Kahn – à visiter – toujours souriant, le maître cuisinier de France Henri Charvet et son épouse vous offrent le charme du dépaysement dans leur restaurant-jardin, au toit ouvrant, débordant de verdure de saison. Ils vous invitent à déguster les saveurs d'une cuisine aussi subtile et légère qu'authentique et raffinée. Spécialités de foies gras frais de canard (six sortes différentes), produits de la mer : coquilles Saint-Jacques grillées à la crème d'oursins, ragoût de homard breton en trois plats. Jolie cave et excellent service. Une maison de grande qualité.

BATH'S

9, RUE DE LA TRÉMOILLE
75008 PARIS
Métro George-V
TÉL. : 01 40 70 01 09 – FAX : 01 40 70 01 22
Amex, Visa, Master Card, Diner's

Chef-Proprietor
STEPHANE BATH

Chef Proprietor
JEAN-YVES BATH

The tireless Jean-Yves Bath has won his bet that he would conquer the capital. The reputation he earned in his native Auvergne has followed him to Paris. He indulges his love for good local produce which he enhances by clever cooking and successful combinations. His menu recalls the natural delights of simple dishes cooked to perfection ("bits of cheek"): suckling veal from Corrèze (home of President Jacques Chirac), Salers beef, all the great cheeses from Auvergne and desserts with subtle country flavours.

Lunch : *Tuesday to Friday* - Dinner : *Tuesday to Friday*
MENU : 190F (29 €)

A LA CARTE : 300F (46 €)
Déjeuner : Mardi au Vendredi - *Dîner : Mardi au Vendredi*

Toujours en mouvement, l'Auvergnat Jean-Yves Bath a gagné son pari : séduire la capitale. Sa grande réputation acquise au cœur de l'Auvergne l'a suivi à Paris. Il avoue son goût pour les bons produits de sa région qu'il magnifie par des cuissons justes et des mariages réussis. Sa carte est évocatrice de délices naturels et de plats simples, "clins d'œil canaille", savamment exécutés : veau de lait de Corrèze, (patrie du président de la République française) bœuf de Salers, tous les fromages d'Auvergne, desserts aux subtiles saveurs de la nature.

LE CÉLADON

HOTEL WESTMINSTER
13, RUE DE LA PAIX
75002 - PARIS
métro Opéra
TÉL : 01 47 03 40 42 • FAX : 01 42 60 30 66
Amex, Visa, Master Card

Chef
CHRISTOPHE MOISAND

General Manager
VOLKER ZACH

In an elegant setting in shades of celadon green, this refined restaurant near the Place Vendôme offers Christophe Moisand's cooking, full of classics as well as modern dishes. His food combines charm and individuality around faultlessly fresh ingredients and a rare precision in cooking: soft fried eggs in potato shells, fillet of John Dory in its skin, artichoke and curried tomato fricassé, braised sweetbreads Arbois style. A fine cellar and high class service. The bar, with its English atmosphere, offers simpler food on the "Chênets" menu.

Lunch : Monday to Friday - Dinner : Monday to Friday
MENU : Lunch 290F (44€) (wine and coffee included) - Dinner 380F (58€)

A LA CARTE : 380F (58€)
Déjeuner : Lundi au Vendredi - Dîner : Lundi au Vendredi

Dans un élégant décor aux chromatismes vert céladon, ce précieux restaurant proche de la place Vendôme, propose la carte de Christophe Moisand, riche de classicisme et de modernité. Ses plats conjuguent charme et personnalité autour de produits à la fraîcheur irréprochable et de cuissons d'une rare précision : œufs mollets frits en coque de pommes de terre fondantes, aiguillettes de Saint-Pierre à la peau, fricassée d'artichauts et de tomates au curry, paume de ris de veau braisée à l'Arbois. Belle cave et service de classe. Au bar, à l'atmosphère londonienne, restauration plus simple sous l'enseigne des "Chênets".

Chef
ÉRIC COISEL

Directors
FRÉDÉRIC PEDRONO
ERIC LIVOIREAU

CHIBERTA

3, RUE ARSÈNE-HOUSSAYE
75008 - PARIS
métro Charles-De-Gaulle-Étoile
TÉL : 01 53 53 42 00 • FAX : 01 45 62 85 08
Amex, Visa, Master Card, Diner's
e-mail : chibertafr@aol.com

This Basque word means "light". This restaurant, which used to be used to a meeting place for Basques in Paris, ope-ned in 1932 and won its gastronomic spurs in 1975. A recently created passionate team has given it new impetus. Eric Coisel produces traditional and creative seasonal cooking made with the finest products of the land. The menus includes Chiberta classics (Scallops with Sea-urchin tongues, lightly salted Truffles in Champagne) together with ori-ginal creations (Gilvinec Langoustines with Piquillos, Avocado and Sichuan pepper, angled Sea Bass in a Truffle fumet, Celery Purée. The desserts, for instance the Slightly Meringued hot and cold Pineapple Soufflé, round it off splendidly. In the dining room Frédéric Pedrono and Eric Livoireau know their products perfectly, and Patrice Vidaller, the wine waiter, can recommend amazing accompaniments. Attentive service and a great cellar.

Lunch : Monday to Friday - **Dinner** : Monday to Saturday
MENU Lunch : 290F (44 €) - MENU à thème : 590F (90 €)

A LA CARTE : 450F (69 €)
Déjeuner : Lundi au Vendredi - **Dîner** : Lundi au Samedi

Le mot est basque et signifie "clarté". A l'origine, lieu de rendez-vous des Basques à Paris, ouvert en 1932, le Chiberta a acquis ses lettres de noblesse dans la gastronomie depuis 1975. Un nouveau souffle a été donné avec la constitu-tion d'une équipe de passionnés. En cuisine, Eric Coisel, réalise une cuisine de saison, traditionnelle et créative, issue des meilleurs produits du terroir. A la carte, les classiques du Chiberta (Noix de Saint-Jacques aux Langues d'Oursins, Truffes au Champagne à la Croque au Sel) côtoient les créations originales (Langoustines du Guilvinec rôties aux Piquillos et Avocat au poivre de Sechuan, Pavé de Bar de Ligne croustillant au Fumet truffé, Purée de Céleri). Les des-serts ne vous laisseront pas en reste : Ananas soufflé en Chaud-Froid légèrement meringué. Côté salle, Frédéric Pedrono et Eric Livoireau connaissent leur produit sur le bout des doigts et Patrice Vidaller, le sommelier saura vous suggérer des accords étonnants. Service attentionné. Grande cave.

FAUCHER

123, AVENUE DE WAGRAM
75017 - PARIS
métro Wagram
TÉL : 01 42 27 61 50 • FAX : 01 46 22 25 72
Amex, Visa, Master Card

Chef-Proprietor
GÉRARD FAUCHER

Maître d'
FRÉDÉRIC DIAZ

Gérard Faucher's pleasant, bright establishment with its flower-bedecked dining room is located in the tony 17th arrondissement. This classically trained chef was among the first to grasp that reasonable prices and excellent cuisine can indeed go hand in hand – much to the delight of his clientele! His choice of ingredients results in impressive variations such as crispy veal sweetbreads with Nikko potatoes; mille-feuille of Dijon beef; morsels of sole and risotto with truffles.

Lunch : Monday to Friday · Dinner : Monday to Friday
MENU Dégustation : 500F (70 €)

A LA CARTE : 350F (53 €)
Déjeuner : Lundi au Vendredi · Dîner : Lundi au Vendredi

Dans le beau 17e, Gérard Faucher occupe un espace agréable, lumineux, toujours fleuri. Cuisinier de formation classique, Gérard Faucher a compris, peut-être avant d'autres à Paris, qu'addition modérée et travail d'excellence peuvent très bien être conjugués pour le plus grand bonheur de la clientèle. Sa cuisine de haute qualité reste à des prix très raisonnables. Le choix du produit permet de jolies variations, comme les ris de veau croustillants pommes Nikko, le millefeuille de bœuf cru digoinaise, les goujonnettes de sole et le risotto aux truffes.

Chef-Proprietor
DAVID VAN LAER

Proprietor
ANNE VAN LAER

LE MAXENCE

9 BIS, BOULEVARD DU MONTPARNASSE
75006 - PARIS
métro Duroc
TÉL : 01 45 67 24 88 • FAX : 01 45 67 10 22
Amex, Visa, Master Card

David Van Laer pays his respects to a writer from his natal Nord – Maxence Van der Meersch – here, with regional cuisine served in a glamorous designer setting done in shades of yellow and burnt sienna with a mahogany-style parquet floor. He's skilled at picking and choosing from the culinary cornucopia provided by the Artois, Flanders and Picardy regions for his soups and fish, meat and poultry dishes, sided by delicious vegetables, all based on his own concepts and the best ingredients the market has to offer. Seasonal game dishes and a selection of extraordinarily flavorful cheeses made with fresh milk round out the menu, accompanied by an extensive range of wines and beers.

Lunch : Monday to Friday - *Dinner :* Monday to Saturday
MENU : Lunch 260F (40 €) - Dinner 190F (29 €) - Menu dégustation : 320F (49 €)

A LA CARTE : 300F (46 €)
Déjeuner : Lundi au Vendredi - *Dîner :* Lundi au Samedi

Dans un décor design et glamour aux chromatismes jaune terre-de-sienne et au parquet façon acajou, David Van Laer mitonne une cuisine régionale en forme d'hommage à un écrivain de son Nord natal, Maxence Van der Meersch. Lorgnant sur l'Artois, la Flandre et la Picardie, il utilise avec bonheur les ressources de ce véritable grenier culinaire : soupes, légumes, poissons fumés ou gras, viandes et volailles joliment mijotées, gibiers en saison et fromages au lait cru sont ici cuisinés au gré du marché et de ses idées personnelles. De beaux crus - de vins ou de bières - viennent opportunément irriguer le tout.

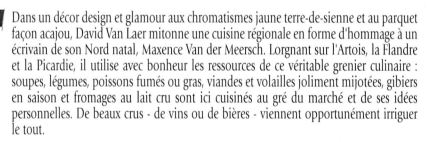

vous avez besoin de
choisir une **ambiance**,
un style, un cadre,
pour un **dîner romantique**,
un **mariage**,
une **fête**...

Need to ***decide***
on an atmosphere,
a style, an ***ambiance***,
for a ***romantic dinner***,
a ***wedding***, *or a* ***party***?

01 42 25 10 10

Central de réservation **gratuite**
free reservation center

ou consultez notre site :
or by our site:
http://www.reservethebest.com

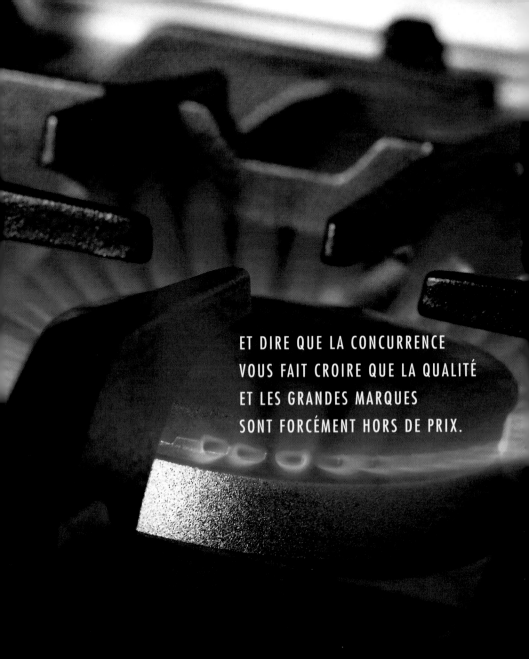

ET DIRE QUE LA CONCURRENCE
VOUS FAIT CROIRE QUE LA QUALITÉ
ET LES GRANDES MARQUES
SONT FORCÉMENT HORS DE PRIX.

COOKEQUIPMAT

Achat, vente, location, installation de matériel de Restauration
...depuis plus de 15 ans.

Igor Calligaris : 06 60 36 67 60

8, place Gabriel Péri
92310 Sèvres
Tél. : 01 46 23 16 16

ZI Sud, 16 bis rue des Coutures
77200 Torcy
Tél. : 01 60 05 70 94

MONTPARNASSE 25

HÔTEL LE MÉRIDIEN-MONTPARNASSE

19, RUE DU COMMANDANT-MOUCHOTTE
75014 - PARIS
métro Montparnasse-Bienvenue
TÉL : 01 44 36 44 25 • FAX : 01 44 36 49 03
Amex, Visa, Master Card

Chef
CHRISTIAN MOINE

Chef-Sommelier
TONY MOINNEREAU

A sleek, elegant art deco dining room on the first floor of a grand hotel sets the stage for some of the most amazingly inventive cuisine in the capital. It's masterminded by chef Christian Moine, formerly of Ledoyen, the Meurice, the Ritz and Tournus's fabled Jean Ducloux. We're head-over-heels in love with his flamboyant style: bitter greens with shaved truffles and roasted sea scallops topped with aged parmesan, John Dory with sea urchin and lemon grass, veal cooked with bacon in a savory golden wine jus, and a baked clementine meringue served with bitter orange marmalade for dessert. The cheese board is extraordinary, as are the wines that go hand in hand with these many culinary gems.

Lunch : Monday to Friday - Dinner : Monday to Friday
MENU : Lunch 250F (38€) - Dinner 320F (49€)

A LA CARTE : 380F (55€)
Déjeuner : Lundi au Vendredi - Dîner : Lundi au Vendredi

Au premier étage de ce grand hôtel, dans un décor Art-déco à l'élégance sobre, vous avez rendez-vous avec une des cuisines les plus étonnamment inventive de la capitale. Christian Moine est un ancien de Ledoyen, du Meurice, du Ritz et du grand Jean Ducloux à Tournus. Nous adorons son style flamboyant : salade amère aux lames de truffe et coquilles Saint-Jacques rôties aux copeaux de vieux parmesan, blanc de Saint-Pierre aux coraux d'oursins et citronnelle, veau de lait lardé et jus au vin de paille, tian de clémentines meringuées et marmelade d'oranges amères. Mais aussi un extraordinaire plateau de fromages et, bien sûr, les vins pour accompagner toutes ces merveilles.

LES MUSES
HÔTEL SCRIBE

1, RUE SCRIBE
75009 - PARIS
métro Opéra
TÉL : 01 44 71 24 26 • FAX : 01 44 71 24 64
Amex, Visa, Diner's

Chef
YANNICK ALLENO

Maître d'
RICHARD PELOIS
Wine waiter
LAURENT DEBRAY

A very luxuriously appointed hotel restaurant in a decor of trompe-l'oeil Parisian scenes with Venetian glass chandeliers and walls in shades of coral and almond green with nicely laid and spaced tables. The culinary style is one of fine produce delivered by a new chef, Yannick Alleno (winner of the Bocuse d'Argent) who knows his cuisine like the back of his hand. The cellar harbors some very fine wines, the "all inclusive" menus are good value, and the service genuinely friendly.

*Lunch : Monday to Friday · **Dinner** : Monday to Friday*
MENU SUGGESTION : 250F (38€)

A LA CARTE : 320F (49€)
*Déjeuner : Lundi au Vendredi · **Dîner** : Lundi au Vendredi*

Une table d'hôtel qui offre son grand confort dans un décor de fresques parisiennes en trompe-l'œil, avec lustres vénitiens et murs en camaïeux corail et vert amande ainsi que les tables joliment mises et bien espacées. Le registre culinaire ? Celui des bons produits livrés par un nouveau chef, Yannick Alleno (lauréat du Bocuse d'Argent) qui connaît sa partition sur le bout de la fourchette. La cave recèle de bien beaux crus, les menus "tout compris" sont de bonnes affaires et le service est d'une amabilité non feinte.

LE PERGOLÈSE

40, RUE DE PERGOLÈSE
75116 - PARIS
métro Porte-Maillot
TÉL : 01 45 00 21 40 • FAX : 01 45 00 81 31
Amex, Visa, Master Card

Chef-Proprietor
ALBERT CORRE

Maître d'
THIERRY MAJTKA

A stone's throw from the Bois de Boulogne, mirrors and blond wood form the backdrop in Albert Corre's establishment. This chef holds some illustrious culinary credentials and remains faithful to a bold, classic style enhanced by just the right creative touch: sea scallops served in potato skins; smoked lamb carpaccio; magnificent game in season. The impressive wine list features a "wine of the month" that's always well worth sampling. Smiling, efficient service.

Lunch : Monday to Friday · **Dinner** : Monday to Friday
MENU : 235F (36 €) - Dégustation : 390F (60 €)

A LA CARTE : 350F (53 €)
Déjeuner : Lundi au Vendredi · Dîner : Lundi au Vendredi

A deux pas du Bois de Boulogne, miroirs et bois blond dominent désormais dans le décor du restaurant de Albert Corre, un chef qui a fait les bonnes universités gourmandes. Pour la cuisine, ce dernier reste fidèle à un style enlevé, classique, non sans une touche de créativité : coquilles Saint-Jacques en robe des champs, carpaccio de jambon d'agneau fumé, magnifiques gibiers en saison. Belle carte des vins, où la promotion du mois est toujours à saisir. Service souriant et efficace.

Le Petit Colombier

40-42, RUE DES ACACIAS
75017 - PARIS
métro Charles-De-Gaulle-Etoile
TÉL : 01 43 80 28 54 • FAX : 01 44 40 04 29
Amex, Visa

Chef-Proprietor
BERNARD FOURNIER

Proprietor
DENISE FOURNIER

Are you longing for a dish from the glorious past that's been long forgotten since, like tournedos Rossini or eggs with fresh truffles, or perfect game in season - the flavor of fresh partridge, stuffed hare simmered in red wine, choice morsels of venison in peppery brown sauce? You're sure to find them here. Bernard Fournier, who heads up the very European Eurotoques Association founded by his friend Paul Bocuse, welcomes you like a long-lost friend to his attractive, reassuring restaurant near l'Etoile. He's fond of classic cooking, but he'll also regale you with anchovy-studded monkfish braised in an unexpected sage-flecked meat jus. Impressive cellar ; excellent service.

Lunch : *Monday to Friday* - **Dinner :** *Monday to Saturday*
MENU : Lunch 200F (30€) - Dinner 360F (55€)

A LA CARTE : 400F (61€)
Déjeuner : Lundi au Vendredi - *Dîner : Lundi au Samedi*

Cherchez-vous un plat qui eut son heure de gloire mais aujourd'hui est oublié, comme le tournedos Rossini ou les œufs à la broche aux truffes fraîches, ou encore un vrai et parfait gibier en saison - perdreau au goût encore sauvage, lièvre à la royale, noix de chevreuil poivrade -, c'est ici que vous les trouverez à coup sûr. Bernard Fournier, à la tête de la très européenne association Eurotoques, créée par son ami Paul Bocuse, vous reçoit en ami chaleureux dans sa belle et rassurante maison proche de l'Etoile. S'il aime le classicisme, il saura aussi vous ravir avec un gigotin de lotte piqué aux anchois dans un inattendu jus de viande à la sauge. Belle cave et excellent service.

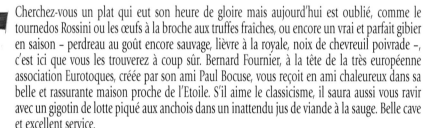

TANTE LOUISE

41, RUE BOISSY D'ANGLAS
75008 - PARIS
métro Madeleine
TÉL : 01 42 65 06 85 • FAX : 01 42 65 28 19
Amex, Visa, Master Card, Diner's, JCB

Chef
STÉPHANE SCHERMULY

Director
PATRICE GILBERT

Bernard Loiseau, one of the greatest French chefs, is even more brilliant in Saulieu situated in the mountainous north-east tip of the Massif Central. But he also works in Paris in three restaurants, where he remains in constant contact with his teams, who give more than just a vague idea of his very great talent. In 1998, Tante Louise was the first of these charming Paris venues. Pan-warmed foie gras with raisins, Tante Louise sole, milk calf kidneys, cooked in their own fat, a very supple choco-late gateau, and great Burgundy wines. This first encounter will certainly thrill you and make you anxious to meet Tante Marguerite and Tante Jeanne…

Lunch : Monday to Friday - **Dinner** : Monday to Friday
MENU : Lunch 195F (27€) - Dinner 230F (32€)

A LA CARTE : 250F (35 €)
Déjeuner : Lundi au Vendredi - Dîner : Lundi au Vendredi

Bernard Loiseau, un des plus grands chefs français, brille plus que jamais à Saulieu dans le Morvan. Mais il est aussi présent à Paris grâce à trois restaurants où des équipes qui restent en contact permanent avec lui, donnent plus qu'une idée de son immense talent. En 1998, Tante Louise fut la première de ces adresses de charme. Dans un cadre art-déco des années trente, Stéphane Schermuly en suisine et Patrice Gilbert en salle sont à la tête de brigade sans faille : foie gras poêlé aux raisins, sole Tante Louise, rognons de veau de lait cuit dans sa graisse, gâteau coulant au chocolat, beaux vins de Bourgogne. Cette première expérience vous ravira et vous donnera envie de découvrir Tante Marguerite et Tante Jeanne.

AU TROU GASCON

40, RUE TAINE
75012 - PARIS
métro Daumesnil
TÉL : 01 43 44 34 26 • FAX : 01 43 07 80 55
Amex, Visa, Master Card, Diner's, JCB

Chef
JACQUES FAUSSAT

Proprietor
NICOLE DUTOURNIER

 Alain Dutournier's (see «Le Carré des Feuillants») wife Nicole extends a professional welcome in their very first restaurant with its wonderfully charming turn-of-the-century decor. Master-chef Dutournier's disciple and friend Jacques Faussat crafts offerings with savory Southwestern flair : chestnut cream soup with pheasant ; warm pâté of potatoes and foie gras ; roasted red mullet and potatoes with marrow ; Chalosse-style boned, stuffed poultry and Landes tart. The wine list features a number of «love at first taste» selections. Extremely gentle prices.

Lunch : Monday to Friday · **Dinner :** Monday to Saturday
MENU : Lunch - Dinner 200F (30 €)

A LA CARTE : 280F (39 €)
Déjeuner : Lundi au Vendredi · **Dîner :** Lundi au Samedi

 Nicole, épouse d'Alain Dutournier (voir «Le Carré des Feuillants») tient en professionnelle accueillante leur premier restaurant, au décor début de siècle d'un charme fou. Jacques Faussat, disciple et complice de son maître, réalise une cuisine inspirée par le Sud-Ouest : velouté de châtaignes à la poule faisane, pâté chaud de pommes de terre au foie gras, rouget-barbet rôti avec pommes à la moelle, jambonnette de volaille comme en Chalosse et tourtière landaise.. La cave recèle des vins «coup de coeur» à découvrir. Prix d'une exemplaire sagesse.

LE RESTAURANT "W"
HOTEL WARWICK

5, RUE DE BERRI
75008 - PARIS
métro George-V
TÉL : 01 45 61 82 08 • FAX : 01 43 59 00 98
Amex, Visa, Diner's, JCB

Chef
HERVÉ GALIDIE

Senior Vice-Président
ERNST MUHLE

Warwick is the name of the luxury hotel which accommodates this new restaurant - it used to be La Couronne. As well as its ideal situation, everything here has been fully and very tastefully renovated, from the Swann's bar (where you can have lunch for as little as 150 FF) to the sumptuous decor of the dining room, with its sycamore panelling. But what comes on your plate is also new, thanks to the recently arrived, highly talented chef Hervé Galidie, who has his own way with Mediterranean cuisine. We are confident you will be of the same opinion, when you taste his Carnaroli risotto and sautéed basil artichokes, his turbot with chard and clams, his sautéed rabbit with grilled peppers and squid, his apricot pastry with pepper sorbet. You can trust Thierry Pelvin, head waiter and sommelier, implicitly to take care of the wines.

Lunch : Monday to Friday - **Dinner** : Monday to Friday
MENU : Lunch 250F (35 €) - Dinner 350F (49 €)

A LA CARTE : 400F (61 €)
Déjeuner : Lundi au Vendredi - Dîner : Lundi au Vendredi

W comme Warwick, nom de l'hôtel de luxe qui abrite ce nouveau restaurant. Tout ici a connu une totale et très heureuse transformation, du Swann's bar (où on peut déjeuner à partir de 150F) au décor de la salle, en bois de sycomore. Mais la nouveauté apparaît plus encore dans l'assiette grâce au nouveau chef, Hervé Galidie, adepte surdoué d'une cuisine méditerranéenne revisitée. Vous partagerez notre avis en goûtant son risotto Carnaroli et artichautssautés au basilic, son turbot aux blettes et palourdes, son lapin sauté aux poivrons grillés et encornets, son feuilleté d'abricots et sorbet au poivre. Faites toute confiance au directeur de salle et chef sommelier Thierry Pelven pour le choix des vins.

Chef
CHRISTOPHE MORET

Director
CHRISTIAN LAVAL

SPOON FOOD & WINE

14, RUE DE MARIGNAN
75008 - PARIS
métro Franklin-Roosevelt
TÉL : 01 40 76 34 44 - FAX : 01 40 76 34 37
Amex, Visa, Master Card, JCB
www.spoon.tm.fr
info@spoon.tm.fr

Alain Ducasse founded a new style of gastronomy two years ago in this restaurant situated only a hundred metres from the Champs-Elysées. This style, which is inspired by cuisines from all over the world, combines dishes, sauces and garnishes in highly original and very personal menus. Customers in a hurry can enjoy a meal at the bar in less than half an hour, or get a take-away. Others eat in a more leisurely fashion in these elegant surroundings decorated in pastel shades, where the soft but bright atmosphere at lunch time becomes more intimate at night. The wind of freedom blows right down to the cellar: the selection of foreign wines chosen by Gérard Margeon, Decasse's faithful sommelier, is truly exceptional.

Lunch : Monday to Friday - **Dinner** : Monday to Friday

A LA CARTE : 350F (54 €)
Déjeuner : Lundi au Vendredi - *Dîner* : Lundi au Vendredi

Dans ce restaurant à cent mètres des Champs-Elysées, Alain Ducasse a créé, il y a deux ans, un nouveau style gastronomique. Inspirés des cuisines du monde entier, plats, sauces et garnitures, se combinent au gré de chacun pour un menu original, personnel, unique. Les convives pressés peuvent prendre un repas, au bar, en moins d'une demi-heure. Ou l'emporter. Les autres s'attardent dans ce lieu élégant, tout en pastel dont l'ambiance, douce et lumineuse au déjeuner, se fait plus intime le soir. Quand souffle le vent de la liberté, il descend jusqu'à la cave : la sélection des vins étrangers choisis par Gérard Margeon, fidèle chef-sommelier d'Alain Ducasse, est exceptionnelle.

Champagne LANSON Père & Fils
12, Boulevard Lundy - B.P. 163 - 51056 REIMS Cedex - FRANCE
Tél. 03 26 78 50 50   Fax. 03 26 78 50 99
http : // www.lansonpf.com   e-mail : info@lansonpf.com

FINE DINING

From 200 F to 350 F

(Price without wine, tip and tax included)

16 Haussmann

16, BOULEVARD HAUSSMANN
75009 - PARIS
métro Richelieu Drouot - Chaussée d'Antin
TÉL : 01 48 00 06 38 • FAX : 01 48 00 06 38
Amex, Visa, Master Card, Diners, JCB

Chef
MICHEL HACHE

*Directeur de la
Restauration*
LOÏC MENDIL

The Taittinger and de Margerie families who own this new place near the Opéra planned to create a new concept in restaurants. Parisians soon started gathering in this very beautiful decor and warm atmosphere. The friendly and lively service and excellent value for money make 16 Haussman one of the great successes of 2000. A marvellous set and à la carte menu confirm the first good impression: crab and Scotch salmon tartare with chopped lime peel and capers; creamy Caribbean chocolate cake with bitter cocoa. There are two wine lists: an everyday, and a special list.

Lunch : Monday to Saturday - **Dinner** : Monday to Saturday
MENU : 165F (25 €) - 200F (30 €)

Déjeuner : Lundi au Samedi - *Dîner* : Lundi au Samedi

Innovatrices, les familles Taittinger-de Margerie, propriétaires de ce restaurant proche de l'Opéra, ont souhaité donner le jour à un nouveau style de restauration. Très beau décor, ambiance chaleureuse où les Parisiens aiment se retrouver. Le service accueillant et enlevé, le rapport qualité-prix imbattable font du 16 Haussmann un des grands succès de l'année 2000. Un épatant menu-carte complète cette heureuse impression : tartare de crabe et saumon d'Écosse, zeste de citron vert et câpres hâchés ; moelleux au chocolat Caraïbes et cacao amer. Deux cartes des vins : l'une pour tous les jours, l'autre pour la fête.

ARMAND AU PALAIS ROYAL

4, RUE DE BEAUJOLAIS
75001 - PARIS
métro Palais-Royal
TÉL : 01 42 60 05 11 • FAX : 01 42 96 16 24
Amex, Visa, Master Card, JBC

Chef-Proprietor
BRUNO ROUPIE

Proprietor
JEAN-PIERRE FERRON

Jean-Pierre Ferron and his colleague, Bruno Roupie – the former in the dining room and the latter in the kitchen – are the talented pros running this establishment, housed in the royal palace's late-17th-century stables. Rustic stone walls and vaulted ceilings form the décor, and the menu takes a spirited, generous approach to the historical classicism of the serene Palais Royal surroundings in which it is served: crêpe Monsieur with foie gras; island-style grilled sea bream with passion fruit, and plump stuffed hen in a nicely spiced white wine sauce. In addition, the artfully constructed wine list offers some top-notch half bottles.

Lunch : Monday to Friday · **Dinner** : Monday to Saturday
MENU : Lunch 180F (27,44 €) - Dinner 260F (39,64 €)

Déjeuner : Lundi au Vendredi · **Dîner** : Lundi au Samedi

Jean-Pierre Ferron et son associé, Bruno Roupie, le premier en salle et le second en cuisine, tiennent avec un talentueux professionnalisme ce restaurant fin XVIIe dans les anciennes écuries du Palais Royal, à la salle voûtée et aux murs de pierre. La carte renouvelle avec esprit et générosité le classicisme historique de ce calme quartier du Palais-Royal : crêpe Monsieur au foie gras, dorade grillée des Iles aux fruits de la passion et poularde farcie de la Fronde à la sauce diable. Sur une carte des vins bien conçue, la maison veille avec art à la qualité des demi-bouteilles.

LE BELLECOUR

22, RUE SURCOUF
75007 - PARIS
métro Invalides
TÉL : 01 45 51 46 93 • FAX : 01 45 50 30 11
Amex, Visa, Master Card

Chef-Proprietor
GÉRALD GOUTAGNY

Chef
OLIVIER LIMOUSIN

Gerald Goutagny and his chef Olivier Limousin proudly hail from Lyon. In elegant, flower-bedecked surroundings, you'll discover specialties from between the Rhone and Saone rivers including pike dumplings, tablier de sapeur (breaded, pan-roasted tripe) and chicken in vinegar. There are more, creative compositions on offer such as tartare of oysters and sea scallops with beaufort; roasted fillet of duck with spices and an iced vacherin (baked meringue) with grilled coffee cream. The delicate Fleurie Vieilles Vignes and the many other wines in the establishment's extraordinary cellar are perfectly matched to the cuisine. And the price/quality ratio couldn't be better.

Lunch : Monday to Friday - **Dinner** : Monday to Saturday
MENU : Lunch 160F (24 €) - Dinner 220F (34 €)

A LA CARTE : 220F (34 €)
Déjeuner : Lundi au Vendredi - **Dîner** : Lundi au Samedi

Gérald Goutagny et son chef Olivier Limousin sont Lyonnais et fiers de l'être. Leur carte est en forme d'hommage vibrant à la cuisine de là-bas. Dans un décor fleuri et élégant, il faut découvrir les grandes spécialités d'entre Rhône et Saône, l'exceptionnelle quenelle de brochet, le tablier de sapeur (gras double pané et poêlé) et la volaille au vinaigre. Et aussi des compositions plus modernes et créatives comme le tartare d'huitres et coquilles Saint-Jacques au Beaufort, le filet de canard rôti aux épices et le vacherin glacé à la crème de café grillé. Le fleurie veilles vignes de chez Michel Chignard et tout autre vin d'une cave extraordinaire valent largement l'assiette. Le rapport qualité-prix est ici exceptionnel.

Chef
LAURENT STURBOIS

Best Sommelier in the world
Proprietor
PHILIPPE FAURE-BRAC

BISTROT DU SOMMELIER

97, BOULEVARD HAUSSMANN
75008 - PARIS
métro Saint-Augustin
TÉL : 01 42 65 24 85 • FAX : 01 53 75 23 23
Amex, Visa, Master Card
e-mail : faurebra@club-internet.fr

Philippe Faure-Brac, voted the world's best wine steward in 1992, is passionate about pairing the right wine with each and every dish that leaves the kitchen. His chef's skillful way with herbs and spices result in wonderfully flavorful fare that keeps the bistro's wine connoisseur clientele coming back for more. Try the "wine and food in harmony" menu for a most memorable dining experience.

Lunch : Monday to Friday - **Dinner** : Monday to Friday
MENU : 390F (59,45 €) (wine included)

A LA CARTE : 400F (60,98 €) (vin inclus)
Déjeuner : Lundi au Vendredi - *Dîner* : Lundi au Vendredi

Sommité dans le monde des sommeliers, Philippe Faure-Brac - meilleur sommelier du monde en 1992 - est en charge de l'organisation et du mariage si ardu des mets et des vins. A la fois restaurant à vins, comme tant d'autres, et laboratoire des saveurs, ce restaurant des boulevards est souvent plein. La difficulté avec ce genre d'ambition, réussi dans ce cas, est de monter ses plats au niveau des seigneurs de la Bourgogne, ou des divines bouteilles de Pauillac et de Margaux. Optez donc pour le menu, "Harmonie des vins et des mets", une expérience qui vous séduira.

CAFÉ DROUANT

18, PLACE GAILLON
75002 - PARIS
métro Opéra
TÉL : 01 42 65 15 16 • FAX : 01 49 24 02 15
Amex, Visa, Master Card, JBC

Chef-Director
LOUIS GRONDARD

Maitre d'
JAMES BERTHELOT

This chic annex of the dining room where the Goncourt literary prize jury has gathered since 1914 is a godsend. Drouant's chef, Louis Grondard, presides here in a pretty 1930s decor, with a gilded ceiling by Jacques-Emile Ruhlmann. The cooking is classic "cuisine bourgeoise", making clever use what is available on the markets. The cellar harbours many very fine bottles, and the service is quiet perfection.

Lunch : *Every days* · **Dinner** : *Every days*
MENU : Lunch 220F (34 €) - Dinner 220F (34 €)

CARTE : 300 to 350F (46 to 53 €)
Déjeuner : Tous les jours · Dîner : Tous les jours

Cette annexe chic de la cantine du jury du prix Goncourt – qui se réunit chez Drouant depuis 1914 – est une vraie bonne aubaine. Dans un joli décor années-30, avec plafond à la feuille d'or signé Jacques-Emile Ruhlmann, c'est le chef de Drouant, Louis Grondard, qui veille au grain. Le registre culinaire est d'un classicisme bourgeois, jonglant habilement avec les produits du marché. La cave recèle de bien belles bouteilles et le service est d'une tranquille perfection. Le café Drouant est un rendez-vous d'après théâtre et d'après cinéma.

CAFÉ DE VENDÔME

1, PLACE VENDÔME
75001 - PARIS
métro Tuileries ou Concorde
TÉL : 01 55 04 55 55 • FAX : 01 55 04 55 64
Amex, Visa, Master Card, JCB

Chef
GÉRARD SALLÉ

Director
DENIS STAUDÉ

This restaurant which recently opened on the corner of the rue Saint-Honoré graces the area with the elegance and richness of its very successful Venetian decor. In charge of the kitchen is the remarkable Gérard Sallé who offers a well balanced menu with a generous choice of entrées, main dishes and seasonal desserts. A very attractive wine list includes an excellent selection of regional wines by the glass. The Vendôme Bar, a cosy place that is already famous for its lunches, is open for tea every afternoon. From seven in the evening on it becomes a piano bar, with rhythm and blues to a selection of old fashioned and modern cocktails.

*Lunch : Monday to Friday - **Dinner** : Monday to Friday*
MENU : Lunch 190F (29€) - Dinner 280F (43€)

MENU CARTE : Déjeuner 230F (32€) - Dîner 250F (35€)
Déjeuner : Lundi au Vendredi - Dîner : Lundi au Vendredi

A l'angle de la rue Saint-Honoré, ce restaurant enrichit ce quartier de l'élégance et de la joaillerie de son décor vénitien très réussi. A la tête des cuisines, on trouve le remarquable Gérard Sallé qui propose un menu-carte bien équilibré, avec un généreux choix d'entrées, de plats et de desserts de saison. Une carte des vins très attractive vous est proposée, avec une excellente représentation régionale de vins au verre. Le Bar de Vendôme, endroit cosy , célèbre pour sa formule déjeuner vous accueille tous les après-midi à l'heure du thé. A partir de 19 h, ambiance piano-bar, rythm'blues autour d'une sélection de cocktails d'hier et d'aujourd'hui.

CAFÉ M

24, BOULEVARD MALESHERBES
75008 - PARIS
métro Saint-Augustin ou Madeleine
TÉL : 01 55 27 12 34 • FAX : 01 55 27 12 35
Amex, Visa, Master Card, Diner's, JCB
http://paris.hyatt.com

Chef
GUILLAUME JOLY

Manager
NELLO RUSSO

«M» for Malesherbes, and a stone's throw from the Madeleine in the heart of Paris, this restaurant in the Hyatt Hotel has been a success since the day it opened. Parisians and out-of-towners come to soak up the relaxed, friendly atmosphere and sample the delightful cuisine of Guillaume Joly, who trained with Michel Troisgros. Oriental crab sandwich, melon gazpacho, spiced port granita, cod fillet with olives, beef fillet, steamed potato in goose fat, crispy mille feuilles. Dinner is set to music and the einteresting range of wines are also available by the glass.

Lunch : Monday to Friday - **Dinner** : Monday to Sunday
MENU : Lunch 235F (33 €) - 265F (35 €) - Dinner 195F (30 €) - Brunch : 190F (29 €)

A LA CARTE : 300F (46 €)
Déjeuner : Lundi au Vendredi - Dîner : Lundi au Dimanche

"M" comme Malesherbes, à deux pas du cœur de Paris près de la Madeleine, ce restaurant de l'hôtel Hyatt a connu le succès dès l'ouverture. Parisiens et étrangers aiment se retrouver dans une atmosphère décontractée et heureuse, autour de la très jolie cuisine de Guillaume Joly qui a fait ses universités gourmandes chez Michel Troisgros : "sandwich" de tourteau à l'orientale, gazpacho de melon, granité au porto épicé, dos de cabillaud aux olives, filet de boeuf, pommes pont-neuf à la graisse d'oie, millefeuille croustillant. Ambiance musicale au dîner, intéressante carte des vins au verre.

Director
THIERRY CLEMENT

Proprietors
COLETTE & MIROSLAV
SILJEGOVIC

LA CLOSERIE DES LILAS

171, BOULEVARD DU MONTPARNASSE
75006 - PARIS
RER Port-Royal
TÉL : 01 40 51 34 50 • FAX : 01 43 29 99 94
Amex, Visa, Master Card, Diner's, JCB
http://www.closerie-des-lilas.com - email : secretariat@closerie-des-lilas.com

The Closerie used to be the venue for all the Arts at the end of the 19th century and continued on until the 1920's. Today it is enjoying its second youth. It has become jolly and carefree again and its attractive terrace is always full. The new chef, Jean-Claude Chanroux offers, amongst others, crunchy spider crab ravioli, saddle of lamb in golden crust pastry or Borlotti beans with chorizo... The permanently successful bar, which also serves bar-food, still displays copper plates with names like Hemingway and Miller on them, and still offers tartare steak and the delicious quenelle in lobster sauce.

Lunch : Monday to Sunday · **Dinner** : Monday to Sunday
MENU : Lunch 250F (38 €) - Dinner 400F (61 €)

A LA CARTE : 350F (53 €)
*Déjeuner : Lundi au Dimanche · **Dîner** : Lundi au Dimanche*

Rendez-vous de tous les arts à la fin du siècle dernier et jusque dans les années 20, la Closerie connaît une très sympathique seconde jeunesse. Elle a retrouvé gaieté et insouciance et le charme de sa terrasse opère à plein. Au répertoire du nouveau chef, Jean-Claude Chanroux, parmi d'autres plats, ravioles croustillantes d'araignée de mer, selle d'agneau en croûte dorée, haricot "coco" au chorizo. Le bar-brasserie, à l'inaltérable succès, garde toujours les plaques de cuivre au nom des Hemingway et Miller et propose toujours le tartare et la fameuse quenelle au coulis de homard.

bar-brasserie

★ St Ouen

Le Coq de la Maison Blanche

37, BOULEVARD JEAN-JAURÈS
93400 - SAINT-OUEN
métro Mairie de Saint-Ouen
TÉL : 01 40 11 01 23 - FAX : 01 40 11 67 68
Amex, Visa, Master Card

Chef
LIONEL MAITRE

Proprietor
ALAIN FRANÇOIS

This "dream house" is located behind a stone's throw from the Saint-Ouen flea market. The vast dining room, decorated with all manner of metal roosters (whence the name "coq"), is warm, elegant and comfortable. A jolly, omnipresent "lord of the manor" oversees the genuinely friendly wait staff waltzing about laden with generous platters of artfully prepared, straightforward, seasonal fare : raw shellfish (shells opened on the premises); the parsley-flecked ham so typical of the Burgundy region, line-caught bass in a salt crust; country-style coq au vin; a thick, juicy steak with béarnaise sauce and homemade fresh vanilla ice cream praline-studded, coffee-cream meringue cake for dessert.

Lunch : *Monday to Saturday* · **Dinner** : *Monday to Saturday*
MENU : *Lunch* 180F (27,29 €) - *Dinner* : 180F (27,29 €)

A LA CARTE : 300F (45,73 €)
Déjeuner : Lundi au Samedi · Dîner : Lundi au Samedi

A deux pas des puces de Saint-Ouen, derrière la monumentale façade blanche, voilà la maison bourgeoise comme on la rêve, chaleureuse, chic avec un maître de maison très présent, plein d'humour, entouré d'une brigade aimable. Dans la vaste salle à manger décorée de coqs en métal, c'est une cuisine franche, saisonnière et généreuse qui est ici livrée. Grands et petits plats de la mémoire gourmande : fruits de mer de l'écailler, jambon persillé comme en Bourgogne, bar de ligne en croûte de sel, coq au vin à la campagnarde, chateaubriand béarnaise, glace vanille minute et malakoff aux prâlines. Du beau et du bon chaque jour que Dieu fait.

Chef
JEAN-FRANÇOIS LEMERCIER

Director
JEAN-CLAUDE MESSANT

FOUQUET'S-BARRIÈRE

99, AVENUE DES CHAMPS-ELYSÉES
75008 - PARIS
métro George-V
TÉL : 01 47 23 50 00 • FAX : 01 47 23 50 55
Amex, Visa, Master Card, Diner's, JCB

This Champs-Elysées institution that has been going for more than a hundred years has just been redesigned by the interior decorator Jacques Garcia for its new owners, the Barrière group. The cinema and media worlds and other well known figures flock here to enjoy the unvarying house specialities, including 'Jean-Loup Dabadie' jellied egg, 'Colbert' whiting and 'Robert Hossein' Shepherd's pie, and also classic cuisine beautifully prepared by Jean-François Lemercier, voted "Meilleur Ouvrier de France" in 1993.

Lunch and Dinner : Every day
MENU : Lunch and Dinner 295F (45 €)
Business lunch *(Monday to Friday)* : **320F (49 €)**

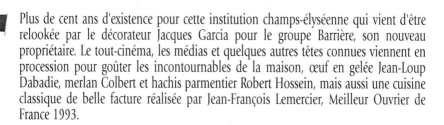

Déjeuner et Dîner : Tous les jours **295F (45 €**
Menu carte affaires : *Le Midi du Lundi au Vendredi* **320F (49 €**

Plus de cent ans d'existence pour cette institution champs-élyséenne qui vient d'être relookée par le décorateur Jacques Garcia pour le groupe Barrière, son nouveau propriétaire. Le tout-cinéma, les médias et quelques autres têtes connues viennent en procession pour goûter les incontournables de la maison, œuf en gelée Jean-Loup Dabadie, merlan Colbert et hachis parmentier Robert Hossein, mais aussi une cuisine classique de belle facture réalisée par Jean-François Lemercier, Meilleur Ouvrier de France 1993.

LA FERME SAINT-SIMON

6, RUE DE SAINT-SIMON
75007 - PARIS
métro Rue-du-Bac
TÉL : 01 45 48 35 74 • FAX : 01 40 49 07 31
Amex, Visa, Master Card

Chef
PHILIPPE MARQUIS

Maître d'
GÉRARD VACHER

Francis Vandehende and his wife, well-known television Denise Fabre, recently decided that "down on the farm" was the only place they wanted to be. And the loyal regulars who flock here – high-ranking government employees and cabinet members from the neighborhood's many ministries – rejoice in their day-to-day presence as they savor a wonderful seafood salad in lobster-flavored vinaigrette sauce; brill inventively cooked in aromatic citrus fruit stock; tagliatelle with smoked salmon and whole calf's kidneys served in their own juices with foie gras. The prettily revamped dining room goes hand in hand with a great cellar, perfect service, and reasonable prices.

Lunch : Monday to Friday · **Dinner** : Monday to Saturday
MENU : Lunch 175F (27 €) - Dinner 195F (30 €)

A LA CARTE : 300F (46 €)
Déjeuner : Lundi au Vendredi · Dîner : Lundi au Samedi

Francis Vandehende et son épouse, la célèbre animatrice de télévision Denise Fabre, se consacrent désormais à cette seule maison. Du coup, les habitués fidèles - hauts-fonctionnaires et membres des cabinets ministériels voisins - sont tout au plaisir de les voir chaque jour ici. Dans leur décor joliment rénové, ils dégustent avec aise une épatante salade de coquillages et crustacés en vinaigrette homardine, un original blanc de barbue en nage d'agrumes, tagliatelles au saumon fumé et un rognon de veau entier dans son jus de cuisson au foie gras. Bonne cave, service parfait et prix sages.

Chef
GILBERT ISAAC

Director
PASCAL CHEREAU

LA FERMETTE MARBEUF 1900

5, RUE MARBEUF
75008 - PARIS
métro Franklin - Roosevelt
TÉL : 01 53 23 08 00 • FAX : 01 53 23 08 09
Amex, Visa, Master Card, Diner's
http://www.fermettemarbeuf.com

 This restaurant's dining rooms echo all the splendor of Belle Epoque, World's Fair Paris. One is decorated with colorful floral ceramic tiles; the other features lovely "winter garden" atmosphere. Guests seem as taken with their surroundings as they are with the food, which is simple, carefully prepared and graciously served. Enjoy the fresh pan-roasted cod with vegetables in butter and wine sauce, or savory squab with spices. The cellar is as attractive as everything else!

Lunch : Monday to Sunday - **Dinner** : Monday to Sunday
FORMULE DINER/SPECTACLE : 360F (55 €)

MENU : 178F (27 €) - A LA CARTE : 260F (40 €)
Déjeuner : Lundi au Dimanche - Dîner : Lundi au Dimanche

 En 1978, un heureux coup de pioche a permis de mettre à jour ici un incroyable décor Art Nouveau que le temps avait miraculeusement conservé : verrière, colonnes de fonte, panneaux de céramiques de motifs animaliers, féminins et végétaux. Depuis 1983, le restaurant est classé à l'inventaire des Monuments Historiques. Le Tout-Paris des affaires, des médias, de la mode et du show-biz y tient ses agapes. Au cœur du Triangle d'Or, avec une carte qui change au fil du marché, le chef Gilbert Isaac prépare une cuisine d'une inlassable régularité.

Le Galion

10, ALLÉE DU BORD-DE L'EAU
75016 - PARIS
métro Porte Maillot
TÉL : 01 40 67 08 20 • FAX : 01 40 67 08 21
Amex, Visa, Master Card

Chef
ALAIN RAICHON

Propietor
MICHEL BOUQUET

Renovated by Michel Bouquet, (owner of the Jardins de Bagatelle), this galleon moored not far from the Longchamp hippodrome has become the latest venue for the Paris smart set. The chef, Alain Raichon purveys a flavoursome blend of French cuisine from yesteryear with modern dishes and one or two items from other places, the whole served on two levels between decks and on a magnificent terrace on deck below masts, yards and sails.

Lunch and *Dinner :* *every day* - *Brunch* on *Sunday*
MENU : 195F (30 €)

Déjeuner-Dîner : *Tous les jours* - *Brunch :* *Le dimanche*

Remis à neuf par Michel Bouquet (propriétaire des Jardins de Bagatelle), ce bateau-pirate amarré non loin de l'hippodrome de Longchamp est devenu le nouveau rendez-vous du Tout-Paris. Sur deux étages à l'intérieur et une superbe terrasse sous les mâts, les vergues et les voiles, le maître-queux, Alain Raichon propose un savoureux mixte de cuisine française d'hier et de plats d'aujourd'hui avec quelques éléments venus d'ailleurs comme ses Sushi et sashimi de thon.

Chef
CHRISTOPHE RITZENTHALER

Proprietor
RENÉ TRAMONT

LA GAUDRIOLE

30, RUE MONTPENSIER
75001 - PARIS
métro Palais Royal
TÉL : 01 42 97 55 49 • FAX : 01 42 97 50 46
Amex, Visa, Master Card, JBC

Two entrances lead into this wonderful restaurant with its Balzacian atmosphere. The more romantic one overlooks the Palais-Royal gardens; the other opens onto the quiet rue Montpensier. Whichever one you use, you are greeted warmly by the friendly owner, René Tramont. In his sunny South West France accent he willl explain his chef - Christophe Ritzenthaler's - cuisine: Charlotte of skate with raspberries; Julienne of cucumber with mint; Pikeperch sausage with ceps and saffron vinegar; beef kebabs with aubergines, aniseed cream and fennel compote; iced soufflé with rose petals. The set menu, wine included, is very good value.

Lunch : *Monday to Sunday* - **Dinner** : *Monday to Saturday*
MENU : 200F (30 €)

A LA CARTE : 220F (34 €)
Déjeuner : Lundi au Dimanche - *Dîner : Lundi au Samedi*

Deux entrées pour ce délicieux restaurant à l'atmosphère balzacienne. L'une, romantique, donne sur les jardins du Palais-Royal, l'autre sur la calme rue Montpensier. Mais des deux côtés, vous êtes chaleureusement accueilli par le maître de maison, le souriant René Tramont. Avec l'accent ensoleillé du Sud-Ouest, il raconte la bonne cuisine de son chef, Christophe Ritzenthaler : charlotte de raie aux framboises, julienne de concombres à la menthe ; saucisson de sandre aux cèpes, vinaigre au safran ; brochettes de bœuf aux aubergines, crème anisée et compotée de fenouil ; soufflé glacé aux pétales de roses. Le menu-carte, vin compris, est très avantageux.

HÉDIARD

21, PLACE DE LA MADELEINE
75008 - PARIS
métro Madeleine
TÉL : 01 43 12 88 99 • FAX : 01 43 12 88 98
Amex, Visa, Master Card, Diner's

Chef
VINCENT CARAYON

Director
JOËL SCHREIBER

Having enjoyed the heady aromas of the famous spice store, go upstairs to discover the attractive Louisiana-style Hédiard restaurant. The service here is warm and friendly, with a touch of exotic mystery, and the cuisine is inventive and varies from season to season. You cannot help but love Vincent Carayon's dishes and Dimitri Fallay's desserts and pastries. Roast half duck, creamy polenta with sultanas, salmon tournedos with herbs, fennel mille-feuille with peas in sauce, chocolate and pistachio dessert and coconut and mango maca-roon. The cellar boasts a fine collection of wines and brandies. Service is fast and conti-nuous for business lunches. Take your time, over dinner, to enjoy the Hédiard magic.

Lunch : *Monday to Saturday* · **Dinner** : *Monday to Saturday*

A LA CARTE : 235F - 250F(33 € - 35 €)
Déjeuner : *Lundi au Samedi* · *Diner* : *Lundi au Samedi*

Après vous être enivré des parfums de la célèbre épicerie fine de luxe, découvrez au premier étage le charme louisianais du Restaurant Hédiard. Il vous accueille dans un cadre chaleureux et convivial empreint d'exotisme, autour d'une cuisine inventive variant au gré des saisons. Vous serez séduit par la cuisine de Vincent Carayon et les desserts du Chef pâtissier Dimitri Fallay : demi-canard rôti, polenta moelleuse aux raisins de Corinthe, tournedos de saumon aux herbes, millefeuille de fenouil et crème de petits pois, douceur chocolat pistache et macaron coco mangue. Tous les vins et eaux-de-vie font partie de la prestigieuse cave maison. Service fluide et rapide pour vos repas d'affaires du midi. Le soir, prenez votre temps pour savourer la magie Hédiard.

LES JARDINS DE BAGATELLE

ROUTE DE SÈVRES À NEUILLY
75016-PARIS
métro Pont de Neuilly
TÉL : 01 40 67 98 29 • FAX : 01 40 67 93 04
Amex, Visa, Master Card, Diner's

Chef
ALAIN RAICHON

Propietor
MICHEL BOUQUET

This attractive brick-built establishment that resembles a farm in the middle of a rural park (itself a listed site), is host to the cuisine of Alain Raichon, a sturdy chef from eastern France, who was born in Champagnole. Alain lovingly concocts dishes from his home region, but is capable of a much wider range. For example, in summer he serves market fresh seasonal delights in the garden or on the glass-covered patio. What better than having your meal here before going on to visit one of the finest rose gardens in France nearby?

Lunch : *Monday to Sunday* - **Dinner :** *Monday to Sunday*
MENU : Lunch 280F (43 €)- Dinner 320F (49€)

A LA CARTE : 380F (58€)
Déjeuner : *Lundi au dimanche* - **Dîner :** **Déjeuner :** *Lundi au dimanche*

Ce séduisant pavillon de briques aux allures de ferme bâti au milieu d'un parc bucolique (un site classé) - abrite la cuisine d'Alain Raichon, un solide chef comtois né à Champagnole, qui mitonne les spécialités du cru avec art. Mais son registre va bien au-delà et, dès les beaux jours venus, sous la terrasse-verrière ou dans le jardin, il propose des plats frais de saison choisis au marché. La halte s'impose ici, avant la visite d'une des plus belles roseraies de France.

LE NABUCHODONOSOR

6, AVENUE BOSQUET
75007 PARIS
Métro Alma-Marceau
TÉL. : 01 45 56 97 26 - FAX : 01 45 56 98 44
Amex, Visa, Master Card

Chef
THIERRY GARNIER

Proprietor
ERIC ROUSSEAU

All is soft, rounded and comfortable in this plush restaurant decorated in shades of sienna. The quiet atmosphere of an elegant district near the Place de l'Alma, the friendly welcome and moderate prices attract gourmets in quest of sheer good taste. Eric Rousseau fills his dining room with a well balanced menu. The lunch option is a real bargain, as are the "wine of the month" and Bordeaux or Loire wines by the carafe or the glass. Don't miss the succulent chocolate mousse dessert prepared to order at the beginning of the meal. Everything here, down to the bread, is delicious.

Lunch : Monday to Friday · **Dinner** : Monday to Saturday
MENU : Lunch 120F (18 €)

A LA CARTE : 200F (28 €)
Déjeuner : Lundi au Vendredi · Dîner : Lundi au Samedi

Tout est doux, rond, confortable, dans ce restaurant cossu à la patine terre de Sienne. L'ambiance discrète d'un quartier élégant proche de la place de l'Alma, l'amabilité de l'accueil et les prix doux attirent les gourmets en quête de justesse de goût.
Eric Rousseau reçoit salle pleine autour d'une carte bien équilibrée. La formule du déjeuner est une véritable aubaine, tout comme le vin du mois, les pichets ou les vins au verre de Bordeaux ou de vins de Loire. Ne manquez pas au dessert, le succulent moelleux au chocolat préparé sur commande au début du repas. Tout, jusqu'au pain, est délicieux.

Chef
PATRICE GUYADER

Proprietor
JEAN-FRANÇOIS LARPIN

LA PETITE COUR

8, RUE MABILLON
75006 - PARIS
métro Mabillon
TÉL : 01 43 26 52 26 • FAX : 01 44 07 11 53
Amex, Visa, Master Card

This charming establishment is tucked into a cozy, below-street-level niche in the Saint-Germain-des-Prés district. Its picturesque courtyard-garden and delightful Napoleon III dining room are year-round favorites…as are the dishes prepared by Robuchon disciple Patrice Guyader. Everything's irresistible, and chock full of joie de vivre: Dublin Bay prawn ravioli with tarragon; crispy preserved duck; thin slices of pan-roasted foie gras with turnips in plum vinegar; wonderful scrambled eggs with truffles (in season) and excellent desserts. A well-chosen cellar (try a Quincy or a Reuilly) and friendly service round out the enjoyment of dining here. La Petite Cour's price/quality-pleasure ratio is hard to beat!

*Lunch : Monday to Sunday · **Dinner** : Monday to Sunday*
MENU : Lunch 170F (26 €) - Dinner 210F (32 €) - Dégustation 360F (55 €)

A LA CARTE : 300F (46 €)
Déjeuner : Lundi au Dimanche · Dîner : Lundi au Dimanche

En contrebas d'une rue de Saint-Germain-des-Prés, cette adresse discrète charme par son ambiance Napoléon III et sa cour-jardin séduisante en toutes saisons. La cuisine de Patrice Guyader, élève de Joël Robuchon, est épatante et pleine de joie de vivre : ravioles de langoustines à l'estragon, craquant de confit de canard, escalopes de foie gras poêlées, navets sautés au vinaigre de prunes, formidables œufs brouillés aux truffes en saison, excellents desserts. Cave bien sélectionnée (essayez le quincy et le reuilly), service souriant. Un excellent rapport qualité-prix-plaisir.

PIERRE AU PALAIS ROYAL

JEAN-PAUL ARABIAN
10, RUE DE RICHELIEU
75001 - PARIS
métro Palais Royal ou Musée du Louvre
TÉL : 01 42 96 09 17 • FAX : 01 42 96 09 62
Amex, Visa, Master Card, Diner's, JCB

Serveuses
DANIELLE, MARIE-CLAUDE

Proprietor
JEAN-PAUL ARABIAN

A quite unique restaurant-florist in Paris! The owner of this well-known and well-liked establishment near the Comédie Française, Jean-Paul Arabian (ex Ledoyen director) had the wonderful idea of buying the florist next door. Having left your car with the attendant, you enter a decor of flowers, that you can buy, where a very Parisian atmosphere reigns – beautiful women, business men or politicians, legal experts from the Constitutional Council or the State Council, artists and actors. The cuisine is firmly based on the true identity of the produce: calf's head, fish depending on the catch, exceptional perch quenelles, pan-heated fresh duck fat liver, béarnaise rib steak with parsley and traditional French fries, beef "on a string" and some very fine desserts. Exceptional cellar.

*Lunch : Monday to Saturday · **Dinner** : Monday to Saturday*

A LA CARTE : 250F (38,11 €)
*Déjeuner : Lundi au Samedi · **Dîner** : Lundi au Samedi*

Unique au monde, un restaurant-fleuriste à Paris ! Propriétaire de cette maison connue et appréciée proche de la Comédie-Française, Jean-Paul Arabian (ex-directeur de Ledoyen) a eu la belle idée d'acquérir la boutique de fleurs mitoyenne. Jusqu'à minuit, après avoir confié votre automobile au voiturier, c'est dans un décor de fleurs - que vous pouvez acheter - qu'entrent dans une ambiance très parisienne, jolies femmes, hommes d'affaires ou politiques, juristes du Conseil Constitutionnel et du Conseil d'Etat, artistes et comédiens. La cuisine joue la grande vérité du produit : tête de veau, poissons au gré de la marée, exceptionnelles quenelles de brochet, foie gras frais de canard poêlé, entrecôte persillée béarnaise et frites à l'ancienne, bœuf à la ficelle et de très grands desserts. Cave de vins exceptionnelle.

Pierre à la Fontaine Gaillon

PLACE GAILLON
75002 - PARIS
métro Opéra
TÉL : 01 42 65 87 04 • FAX : 01 47 42 82 84
Amex, Visa, Master Card, Diner's, JCB

Chef
ALAIN ROUSSET

Proprietors
ROLAND & PATRICIA
BOYER

The beautiful 17th century mansion housing this establishment falls into the "national treasure" category. Built by Mansard, it was once the residence of the Prince of Conti and the Duke of Richelieu. The Boyer family runs this restaurant, and the cuisine here could well be qualified a national treasure too! Take a seat in the elegant wood-paneled dining room and tuck into the magnificent likes of sliced duck liver, "Tout-Paris" lobster ravioli, succulent Brittany seafood casserole, the catch of the day, saddle of lamb with seasonal garnish, larded veal Orloff and game in season. The cellar boasts some of France's most exclusive finds.

Lunch : Monday to Friday · Dinner : Monday to Saturday
MENU : 195F (30€)

A LA CARTE : 250F (38€)
Déjeuner : Lundi au Vendredi · Dîner : Lundi au Samedi

Dans ce bel hôtel particulier du XVIIe, aujourd'hui classé, construit par Mansard, et qui fut la demeure du prince de Conti puis du Duc de Richelieu, la famille Boyer dirige avec professionnalisme ce restaurant dont on pourrait également classer la cuisine. Dans un décor fastueux et boisé, l'escalope de foie gras de canard, les ravioles de homard «Tout-Paris», la marmite bretonne en montgolfière, les poissons de la pêche du jour, la selle d'agneau aux apprêts saisonniers, le grenadin de veau Orloff et le gibier en saison, sont autant de preuves que l'on déguste, en ce lieu, une cuisine de gourmets. La cave n'est pas en reste car elle recèle les plus beaux crus du vignoble français.

LE POQUELIN

17, RUE MOLIÈRE
75001 - PARIS
métro Palais-Royal
TÉL : 01 42 96 22 19 • FAX : 01 42 96 05 72
Amex, Visa, Master Card, JCB

Proprietor
MICHEL GUILLAUMIN

Proprietor
MAGGY GUILLAUMIN

This discreet restaurant located between the Opera and the Palais-Royal is decorated in tribute to Jean-Baptiste Poquelin, alias Molière! Owners Maggy and Michel Guillaumin are as kind as can be, and totally intent on pampering the happy diners who flock to their dining room to savor regional specialties from the Auvergne including pâté de tartouffles (potato pâté), juicy chicken with Fourme d'Ambert and succulent duck à la Duchambais (based on a celebrated recipe). Non-regional cooking has its place here too, in the form of fillet of sole garnished with spring vegetables and pan-roasted foie gras with figs. A great address – perfect for a romantic dinner à deux!

Lunch : *Tuesday to Friday* • **Dinner** : *Monday to Saturday*
MENU : 198F (30 €)

A LA CARTE : 300F (46 €)
Déjeuner : *Mardi au Vendredi* · **Dîner** : *Lundi au Samedi*

Ce discret restaurant entre l'Opéra et le Palais-Royal est décoré en hommage à Jean-Baptiste Poquelin, alias Molière. Maggy et Michel Guillaumin, les propriétaires, sont la gentillesse même et savent chouchouter une clientèle toujours heureuse de se retrouver autour d'une cuisine à laquelle l'Auvergne fait de nombreux clins d'œil : pâté de tartouffles (pommes de terre), poulet à la Fourme d'Ambert, canard à la Duchambais (la recette la plus célèbre de l'Allier). Mais aussi, loin du style auvergnat, filets de sole aux légumes printaniers, poêlée de foie gras aux figues. La bonne petite adresse parfaite pour un tête-à-tête.

LE RELAIS-PLAZA
HÔTEL PLAZA-ATHÉNÉE

21, AVENUE MONTAIGNE
75008 - PARIS
métro Alma Marceau
TÉL : 01 53 67 64 00 - FAX : 01 53 67 66 66
Amex, Visa, Master Card, Diner's, JCB

Chef
PHILIPPE MARC

Director
WERNER KUCHLER

While Alain Ducasse opened the new «Alain Ducasse at the Plaza Athénée», the Relais-Plaza, the hotel's restaurant-brasserie, remains unchanged with its recently restored listed wall paintings that dominate the elegant 1930s dining room. In this plush and friendly atmosphere the Paris cinema, arts, fashion and business world gathers to enjoy the simple gourmet pleasures of Philippe Marc's cooking (of the Ducasse «school»). Traditional dishes, classics at the Relais, are still on the menu together with grill and spit roast dishes and the day's suggestions, *plat du jour* and the daily menu.

Lunch : Monday to Sunday - **Dinner** : Monday to Sunday
MENU : 263,38F (40€)

A LA CARTE : 400F (61€)
Déjeuner : Lundi au Dimanche - *Dîner* : Lundi au Dimanche

Tandis qu'Alain Ducasse ouvre le restaurant "Alain Ducasse au Plaza Athénée", le Relais-Plaza, restaurant-brasserie du palace, reste immuable, avec ses fresques classées aux Monuments Historiques récemment restaurées, qui dominent l'élégante salle à manger des Années Trente. Dans une ambiance aimable et feutrée, le Tout-Paris de l'Image, des Arts, de la Couture, des Affaires vient goûter au simple confort gourmand que procure la cuisine de Philippe Marc, un chef de "l'école" Ducasse. Les plats de tradition, classiques du Relais, se partagent la carte avec le gril et la broche, les suggestions du moment, le plat du jour et le menu quotidien.

Le Restaurant du Marché

59, RUE DE DANTZIG
75015 PARIS
Métro Porte de Versailles
TÉL. : 01 48 28 31 55 - FAX : 01 48 28 18 31
Amex, Visa, Mastercard

Chef-Proprietor
BRUNO FAVA

Proprietor
BÉATRICE FAVA

In this old bistro near the Porte de Versailles Exhibition Centre, the cuisines of two regions in south-west France - the Gers and the Basque country - mingle together. For the past year the excellent chef, Bruno Fava, delights customers with the finest specialties from his beloved native region. The à la carte menu and the traditional slate is explained by his charming wife Beatrice. This steadfastly country cooking, with all the characteristic dishes such as foie gras, preserved duck, and cassoulet, changes with the seasons, together with Buzet and Madiran wines and a fine selection of Armagnacs. All these can also be bought in the adjoining shop.

*Lunch : Monday to Friday · **Dinner** : Monday to Saturday*
MENU : Lunch 168F (26 €)

CARTE : 280F (43 €)
Déjeuner : Lundi au Vendredi · Dîner : Lundi au Samedi

Dans ce vieux bistrot proche du Parc des Expositions de la Porte de Versailles, le Gers flirte avec le Pays basque. Depuis un an, Bruno Fava, excellent chef nous régale ici des spécialités les plus savoureuses de son bien-aimé Sud-Ouest. Carte et ardoise typiques sont commentées par la charmante Béatrice, son épouse. Au fil des saisons le registre reste amoureusement "terroir" comme en témoignent les foies gras, les confits, le cassoulet ou les vins de Buzet, le Madiran et un beau choix d'armagnacs ; toutes choses que l'on peut acheter dans la jolie boutique mitoyenne.

Chef-Proprietor
BRUNO HEES

Director
FRÉDÉRIC RAGOT

LE RESTAURANT DU PALAIS ROYAL

110, GALERIE DE VALOIS
75001 - PARIS
métro Palais-Royal
TÉL : 01 40 20 00 27 • FAX : 01 40 20 00 82
Amex, Visa, Master Card, Diner's

With its bucolic terrace set beneath the arcades of the Palais-Royal gardens, this timeless restaurant is as charming as it is unassuming. Chef-proprietor Bruno Hees is a man of rare kindness and simplicity who serves up cuisine with a gusto befitting his image: green bean salad; endive and Tuscany coppa salad; taboule of sea scallops; cod and langoustine ragout; shoulder of beef with fresh penne; rum baba. Nice cellar stocked with offerings from Bordeaux and Burgundy.

*Lunch : Monday to Friday · **Dinner** : Monday to Saturday*

A LA CARTE : 250F (38 €)
Déjeuner : Lundi au Vendredi · Dîner : Lundi au Samedi

Avec sa bucolique terrasse dans les Jardins du Palais-Royal, ce restaurant offre le charme de sa discrétion hors du temps. Le chef-patron, Bruno Hees, d'une simplicité et d'une gentillesse rares, propose une cuisine pleine d'entrain à son image : salade de haricots verts, endives et coppa de Toscane, taboulé de coquilles Saint-Jacques, pavé de bar, thon de Saint-Jean-de-Luz poêlé sauce vierge, tranche de veau braisé aux langoustines, baba au rhum. Belle cave de vins du Bordelais et de la Bourgogne.

LA TRUFFIÈRE

4, RUE BLAINVILLE
75005 - PARIS
métro Place Monge
TÉL : 01 46 33 29 82 • FAX : 01 46 33 64 74
Amex, Visa, Master Card, Diner's, JCB
e-mail: restaurant@latruffiere.com

| Director | Proprietor |
| ERIC PELCHAT | CHRISTIAN SAINSARD |

The vaulted cellar, dining room and sitting room with its fireplace are the ideal setting for a romantic dinner as well as for a business lunch or a meal with friends. The menu here includes the great dishes of South West France such as foie gras, either in a terrine or pan fried, truffles in a salad or in scrambled eggs, magret or fatted duck breast, preserved duck and many other specialties to delight you. An impressive wine list and many fine old brandies. A very attractive seventeenth century house in the heart of Paris.

*Lunch : Tuesday to Sunday · **Dinner** : Tuesday to Sunday*
MENU CARTE : 280F (43€) - MENU DÉGUSTATION : 370F (56€)

A LA CARTE : 280F (43€)
*Déjeuner : Mardi au Dimanche · **Dîner** : Mardi au Dimanche*

La cave voûtée, la salle à manger et le salon avec sa cheminée sont propices à un dîner d'amoureux autant qu'à un déjeuner d'affaires ou d'amis. La cuisine ici proposée permet de choisir les plats du grand Sud-Ouest, avec le foie gras en terrine ou poêlé, la truffe en salade ou en œufs brouillés, la carte des poissons du marché, sans oublier le cassoulet, le magret, le confit et bien d'autres spécialités que nous vous laissons découvrir. Impressionnante carte des vins et vieux digestifs. Une bien belle demeure du XVIIe siècle au cœur de Paris.

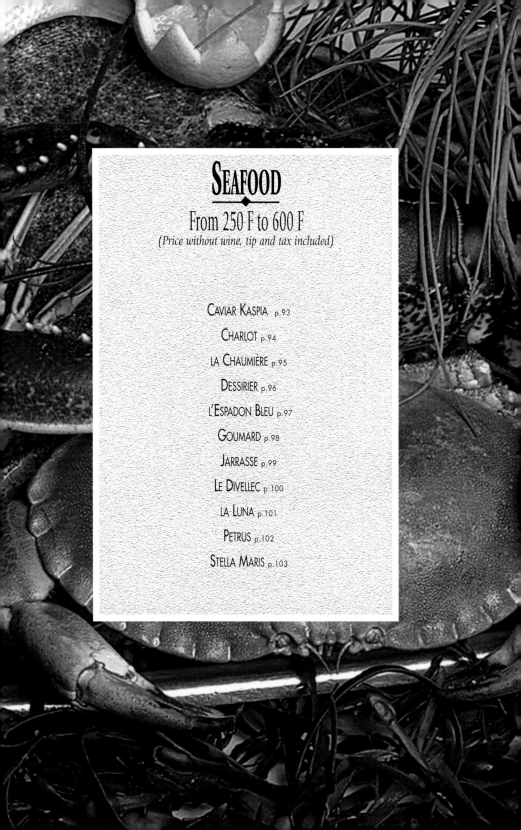

SEAFOOD

◆

From 250 F to 600 F
(Price without wine, tip and tax included)

RUINART

La *plus* Ancienne
Maison
De Champagne Depuis
1729

Caviar Kaspia

17, PLACE DE LA MADELEINE
75008 - PARIS
métro Madeleine
TÉL : 01 42 65 33 32 • FAX : 01 42 66 60 11
Amex, Visa, Master Card, Diner's, JCB

2ᵉMaîtres d'
DANIEL BESNARD,
FRANCK PAPILLON

1ᵉʳMaître d'
STELLIO CONFORTI

Given her maiden name (Rostopchine), this place Madeleine institution might well have been the Countess de Ségur's preferred luxury luncheonette... The bourgeois-style dining room is equally right for romantic dinners, fine dining on expense accounts or memorable meals with friends. The menu runs chock-a-block with caviar in all its vast and varied forms, but the smoked fish sampler (eel, sturgeon and salmon) and foie gras are also popular with an enthusiastic crowd of regulars intent on making everyday as special as can be.

Lunch : Monday to Saturday · **Dinner** : Monday to Saturday
MENU : Lunch 320F (49 €)

A LA CARTE : 660F (120 €)
Déjeuner : Lundi au Samedi · Dîner : Lundi au Samedi

Sur la place de la Madeleine, cette institution aurait pu être la cantine de luxe de la comtesse de Ségur, née Rostopchine. Il est vrai que la salle à manger bourgeoise se prête ici autant aux dîners romantiques qu'aux fins repas d'affaires ou d'amis. Le caviar, sous toutes les formes, est de règle, mais l'assiette de poissons fumés (anguille, esturgeon, saumon), voire même le foie gras de canard sont tout aussi prisés par un fervent public d'habitués comme de jeunes gens qui aiment la fête.

CHARLOT

12, PLACE DE CLICHY
75009 - PARIS
métro Place de Clichy
TÉL : 01 53 20 48 00 • FAX : 01 53 20 48 09
Amex, Visa, Master Card, Diner's
http://www.charlot-paris.com

Chef
OLIVIER PRADAL

Director
JOAQUIM BRAZ

Marseilles native Charles Lombardo ("Charlot" - or "Charlie" - for short!) made his way to Paris right before World War II. He opened his famous Charlot (1st seafood restaurant on the place Clichy) in 1948. The name still appears to this day, inscribed on an Art Deco-style peacock feather fan. The establishment was subsequently taken over by the Blanc brothers but still offers Lombardo's famous Marseilles bouillabaisse and splendid raw seafood platters - now more affordably priced than ever! A ray of sunshine and a taste of the Mediterranean in one of Paris' liveliest neighborhoods.

Lunch : Monday to Sunday · **Dinner** : Monday to Sunday
FORMULE DINER/SPECTACLE : 360F (55 €)

A LA CARTE : 300F (46 €)
Déjeuner : Lundi au Dimanche · Dîner : Lundi au Dimanche

Cette maison pleine de charme née en 1925 est l'une des meilleures adresses de Paris pour se jeter sur un plateau géant (ou plus modeste) de fruits de mer et de coquillages, pour découvrir la vérité d'une grande bouillabaisse classique et classée par les Marseillais eux-mêmes, le grand aïoli comme sur les bords de la Méditerranée, mais aussi de plus simples et délicieuses sardines grillées ou une raie pochée. La cave de vins blancs est, évidemment, au service de la cuisine marine. Service rapide, précis et sympathique.

La Chaumière

54, AVENUE FELIX FAURE
75015 - PARIS
métro Boucicaut
TÉL : 01 45 54 13 91 • FAX : 01 45 58 69 20
Amex, Visa, Master Card, Diner's, JCB

Chef
JULIEN ZANGIACOMI

Proprietors
MARIE-FRANÇOISE
OLIVIER AMESTOY

Olivier Amestoy, the chef / owner, has dedicated to the fish this charming "cottage", decorated with wooden beams and thick curtains. Brought up in Australia, Marie-Françoise Amestoy still likes to welcome in English customers from the other side of the Atlantic, who delight in tasting the scampi en papiollote, the foie gras preserved in stewed apples flavoured with cinnamon, boned mullet in a superbly crafted sauce or, from September onwards, the well renowned Pyrenean suckling lamb ("Axuria" in Basque), much appreciated by meat lovers. For the dessert, the huge soufflé is not to be missed. The fixed menu "entre terre et mer" costs 140 F.

Lunch - Dinner : Every day
MENU : Lunch 190F (27 €) - Dinner : 190F (49 €)

A LA CARTE : 250F (35 €)
Déjeuner - Dîner : Tous les jours

Le chef-propriétaire, Olivier Amestoy, a voué au poisson cette charmante "chaumière" au décor soigné avec poutres et épais rideaux. D'une enfance en Australie, Marie-Françoise Amestoy a conservé le plaisir d'accueillir dans sa langue une clientèle d'Outre-Atlantique qui se plaît à déguster les langoustines en papillote, le foie gras confit à compote de pommes à la cannelle, un rouget désarêté à la savante sauce ou, dès septembre, l'agneau de lait des Pyrénées, le fameux "axuria" très prisé des amateurs. L'énorme soufflé, au dessert, est incontournable. Menu entre terre et mer : 140 F.

DESSIRIER

9, PLACE DU MARÉCHAL-JUIN
75017 - PARIS
métro Péreire
TÉL : 01 42 27 82 14 • FAX : 01 47 66 82 07
Amex, Visa, Master Card, Diner's, JCB

Chef
MICHEL ROSTANG

Director
PHILIPPE JUDEAUX

When Michel Rostang took over this establishment in 1996, he decided to reinvent it as a cross between a brasserie and a restaurant. Today, it boasts ultra-Parisian atmosphere and cuisine devoted to the sea's bounty: magnificent seafood, shellfish, sea scallops and Dublin Bay prawns served warm with endives, marinated sardines with a caper-mayonnaise sauce and choice mussels, crispy bass, puréed potatoes flavored with virgin olive oil and chicken jus and leg of lamb flavored with mild garlic and served with white beans.

Lunch : Monday to Sunday - *Dinner* : Monday to Sunday
MENU : 208F (32 €)

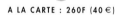

A LA CARTE : 260F (40 €)
Déjeuner : Lundi au Dimanche - *Dîner* : Lundi au Dimanche

Michel Rostang, qui l'a reprise en 1996, a réveillé cette adresse à mi-chemin entre brasserie et restaurant. Aujourd'hui, elle retrouve une atmosphère très parisienne. La cuisine est vouée à l'océan avec de magnifiques fruits de mer, coquillages et crustacés, les coquilles Saint-Jacques et langoustines servies tièdes aux endives, les sardines marinées à la ravigote de câpres et moules de bouchot, le bar croustillant à l'écaille, purée de pommes de terre à l'huile vierge et jus de poulet, le gigot d'agneau à l'ail doux et haricots blancs.

L'ESPADON BLEU

25, RUE DES GRANDS-AUGUSTINS
75006 PARIS
Métro Saint-Michel
TÉL. : 01 46 33 00 85 • FAX : 01 43 54 54 48
Amex, Visa, Master Card, Diner's, JCB

Maîtres d'
FABRICE CHARLOIS
NORA KINANI

Proprietor
JACQUES CAGNA

Only fifty yards from the studio in which Picasso painted his most famous picture, Guernica, Jacques Cagna has opened an all fish restaurant. The beams in this old Paris building have turned sky blue, and live lobsters from Scotland or Canada, crawfish and "sea cicadas" thrive in a holding tank from which they can be fished to order. Here, you dive in and enjoy. There are specials such as Gillardeau's Marennes oysters and Jacky Pontiac fines de claire (oysters), while superb fish feature in many seasonal dishes. The cereal and seaweed bread is prepared and baked on the premises.

Lunch and Dinner : *Tuesday to Saturday*
MENU Lunch :   150F (21 €) - Dinner : 225F (232 €)

A LA CARTE : 300F (46 €)
Déjeuner et Dîner : Mardi au samedi

A 50 mètres de l'atelier où Picasso a peint son plus célèbre tableau, Guernica, Jacques Cagna a créé un lieu tout poisson. Les poutres de cette maison du vieux Paris ont pris la couleur d'un ciel pur. Dans un vivier évoluent homards - bleus de Bretagne ou canadiens, langoustes et cigales de mer, pêchés à la commande. Ici, on ne boude pas son plaisir. Si la carte annonce les spécialités : huîtres de Marennes de chez Gillardeau ou fines de claire de Jacky Pontiac, superbes poissons dans un menu riche en plats en nuances saisonnières. Le pain aux céréales et algues est pétri et cuit maison.

Chef
STÉPHANE ARSICAUD

Proprietor
PHILIPPE DUBOIS

GOUMARD

9, RUE DUPHOT
75001 - PARIS
métro Madeleine
TÉL : 01 42 60 36 07 • FAX : 01 42 60 04 54
Amex, Visa, Master Card

This restaurant boasts a new owner, Philippe Dubois, and a new chef, Stéphane Arsicaud, who has worked at the "Carré des Feuillants" restaurant with Alain Dutournier and at "Apicius" with Jean-Pierre Vigato. This young cook's style of cooking fish from Brittany is one of respect and pure simplicity. The dishes that grace the plates are of the best quality, accompanied by very fine wines. There are also some meat dishes on the menu. Philippe Dubois, the new master of the realm, has brightened up the sober 1930's décor and brings his own brand of merriness to a standard of service that is pleasant and competent.

Lunch - Dinner : *Every day*
MENU : Lunch 390F (59 €) - Dinner 500F (76 €) - Dégustation 780F (119 €)

A LA CARTE : 350F (53 €)
Déjeuner - Dîner : *Tous les jours*

Arrivée chez Goumard d'un nouveau patron, Philippe Dubois et d'un nouveau chef, Stéphane Arsicaud, passé au Carré des Feuillants avec Alain Dutournier et chez Apicius auprès de Jean-Pierre Vigato. Ce jeune cuisinier travaille le poisson breton avec respect - en toute simplicité. Le meilleur est dans l'assiette, escorté de très bons vins. Quelques viandes s'inscrivent néanmoins à la carte. Philippe Dubois, nouveau maître des lieux, a ravivé le sobre décor des Années Trente et apporte sa note joyeuse au service, agréable et compétent.

Neuilly ° ★

JARRASSE

4, AVENUE DE MADRID
92200 - NEUILLY-SUR-SEINE
métro Pont-de-Neuilly
TÉL : 01 46 24 07 56 • FAX : 01 40 88 35 60
Amex, Visa, Master Card, Diners, JCB

Chef-Proprietor
ALAIN MORILLON

Proprietor
MADELEINE MORILLON

The Jarrasse is the Neuilly institution. In this friendly venue, Madeleine Morillon will make sure you are comfortable, while her husband prepares his delicious fresh fish dishes, delivered directly from Brittany or the island of Noirmoutier, and his simply perfect sea-food and shellfish. Don't think twice, come and enjoy a sea bass with fennel, a pan-fried fillet of dory with olives and tomatoes, a Grand Marnier millefeuille, with a glass of Centenary Blend and a chocolate macaroon, with pistachio ice cream and almond milk sauce. If they are free, you can also book a private lounge for a business meeting or a get-together with family or friends. The good news is that the restaurant is now open right through August.

Lunch : Monday to Sunday - **Dinner** : *Monday to Sunday*
MENU : 215 F (33 €)

A LA CARTE : 350F (53 €)
Déjeuner : Lundi au Dimanche - **Dîner** : *Lundi au Dimanche*

L'institution Jarrasse est l'adresse de Neuilly. Dans ce lieu convivial, Madeleine Morillon s'assurera de votre bien-être pendant que Monsieur, en cuisine, vous régalera au gré des marées, de ses poissons de petits bâteaux en direct de Bretagne ou de Noirmoutier, de ses irréprochables fruits de mer et crustacés. Venez vite vous régaler d'un loup au fenouil, d'un dos de Saint-Pierre poêlé aux olives et tomates, du millefeuille au Grand Marnier accompagné de son verre de cuvée du Centenaire et d'un macaron chocolat garni d'une glace pistache, sauce au lait d'amande. Selon les disponibilités, vous pouvez, aussi, réserver des salons particuliers pour vos réunions d'affaires, familiales ou amicales. Bonne nouvelle ! Le restaurant est désormais ouvert tout le mois d'août.

Chef
JEAN-PIERRE FOING

Chef-Proprietor
JACQUES LE DIVELLEC

LE DIVELLEC

107, RUE DE L'UNIVERSITÉ
75007 - PARIS
métro Invalides
TÉL : 01 45 51 91 96 • FAX : 01 45 51 31 75
Amex, Visa, Master Card

Politicians, artists, publishers and journalists pay frequent solo or group visits to his handsome, nautically-inspired dining room. You too will surely be enamored of the jovial, debonair Le Divellec once you sample his red tuna and blue lobster tartare, Dublin Bay prawns steamed in seaweed, pan-roasted red mullet with eggplant "caviar," braised turbot with truffles or any number of dishes that have been on the menu for twenty years now and are still going strong (devotees are wild about the barely cooked oysters wrapped in tender sea lettuce).

Lunch : *Monday to Saturday* - **Dinner** : *Monday to Saturday*
MENU : Lunch 290F (44 €) - 390F (59 €)

A LA CARTE : 650F (99 €)
Déjeuner : Lundi au Samedi - *Dîner : Lundi au Samedi*

Le Divellec est souvent cité comme le plus grand spécialiste de la cuisine marine à Paris. Hommes politiques, artistes, éditeurs, journalistes se trouvent à tour de rôle (ou ensemble) dans le beau restaurant à l'ambiance grande bleue. Avec ce grand prêtre jovial et débonnaire de la cuisine du poisson, vous ferez comme eux vos dévotions admiratives au tartare de thon rouge et homard bleu, aux langoustines à la vapeur d'algues, au rouget poêlé au caviar d'aubergines, au turbot braisé aux truffes et à d'autres plats qui ont vingt ans d'existence sans prendre une ride et qui sont toujours réclamés par les nombreux fidèles, notamment les fantastiques huîtres frémies en paquets de laitue de mer.

LA LUNA

69, RUE DU ROCHER
75008 - PARIS
Métro Villiers
TÉL : 01 42 93 77 61 • FAX : 01 40 08 02 44
Amex, Visa, Master Card

Chef
CHRISTIAN ROCHER

Proprietor
CATHERINE DELAUNAY

Here, the quality, freshness and abundance of the delicious fish dishes prepared by Christian Rocher are only rivaled by Catherine Delaunay's smiling charm. She's the owner of this ship-shape restaurant (it's Spanish in name only) with an appealing 30's décor. It's ideal for lunch or dinner after a stroll through the nearby Parc Monceau - or anytime, for that matter! Treat yourself to Isle of Ré clams sautéed in thyme; langoustine and baby leek cake; Breton lobster with smoked ham en cassolette - and be sure to save room for the genuine Zanzibar rum baba for dessert. The sparkling Vouvray –served by the carafe – is a nice touch, and the other wines in the cellar are equally tasty.

Lunch : Monday to Saturday · **Dinner** : Monday to Saturday

A LA CARTE : 350F (53 €)

Déjeuner : Lundi au Samedi · *Dîner* : Lundi au Samedi

Ici la qualité, la fraîcheur et l'évidence éblouissante des poissons apprêtés par Christian Rocher n'ont d'égal que le charme souriant de Catherine Delaunay, propriétaire de ce restaurant marin au séduisant décor années 30 dont, seul, le nom est espagnol. Idéal pour un déjeuner ou un dîner après une ballade au proche parc Monceau, ou en tout autre occasion d'ailleurs. Vous adorerez les palourdes de l'île de Ré sautées au thym, la galette de langoustines aux jeunes poireaux, le homard breton au lard fumé en cassolette, sans oublier de garder un peu d'appétit pour le vrai baba de Zanzibar. Le Vouvray pétillant en carafe, parmi d'autres beaux vins, mérite une mention à part.

Chef
FRANCK ENÉE

Director
MILLY MILOSEVIC-BARRIÉ

PÉTRUS

12, PLACE DU MARÉCHAL JUIN
75017 - PARIS
métro Péreire
TÉL : 01 43 80 15 95 • FAX : 01 47 66 49 86
Amex, Visa, Master Card

Like a majestic ship's prow gracing the square, this seafood restaurant with its attractive waxed-wood dining room offers the best of the sea's bounty on a daily basis. The top-notch ingredients here run the gamut from shellfish to line-caught fish hauled in by specially chartered boats, and used in palette-pleasing dishes like bass cooked in a clay crust, Isle of Yeu sole and tuna tournedos Rossini. A very nice cellar rounds out this harmonious ensemble, and there are some impressive desserts on offer as well (wild plum soufflé, apples with figs, almonds, hazelnuts and raisins served with Bourbon vanilla ice cream).

Lunch : Monday to Sunday - **Dinner** : Monday to Sunday
MENU : 250F (38 €)

A LA CARTE : 350F (53 €)
Déjeuner : Lundi au Dimanche - Dîner : Lundi au Dimanche

Comme une proue ouverte à fleur de place, cette table marine, au joli décor de bois cérusé, propose chaque jour l'océan et la mer au plus près du produit, avec coquillages, crustacés, fruits de mer, poissons de ligne et de petit bateau (bar à l'argile, sole de l'île d'Yeu, tournedos de thon façon Rossini), qui semblent toujours sortir de l'onde. Une fort belle cave pour parfaire l'harmonie en rouge ou en blanc selon le goût et de très bons desserts en note finale (soufflé à la prunelle sauvage, minute de pommes aux fruits des mendiants et sa glace à la vanille Bourbon).

STELLA MARIS

4, RUE ARSÈNE-HOUSSAYE
75008 - PARIS
métro Charles-De-Gaulle-Etoile
TÉL : 01 42 89 16 22 • FAX : 01 42 89 16 01
Amex, Visa, Master Card, Diner's, JCB
http://resto.spray.fr/stella.htm

Chef-Proprietor
TATERU YOSHINO

Proprietor
MICHIKO YOSHINO

Tateru Yoshino, the talented student of some of France's greatest chefs, opened the very first Stella Maris in Japan. Now happily ensconced at the foot of the Arc de Triomphe in a harmonious contemporary decor, he proffers French cuisine based on the finest organic ingredients, tempered by his Zen-like Japanese sensibility. His creamy langoustine and buckwheat fritters; sea bream royale in a salt crust; rack of lamb spiked with coffee; piña colada parfait served with a Nantes shortbread cookie and marvelous game (in season) all deserve a round of applause. Tateru's wife Michiko greets guests warmly and oversees the dining room.

Lunch : *Monday to Friday* - **Dinner** : *Monday to Saturday*
MENU Lunch : 175F (27 €) - **MENU DE SAISON** : 350F (53 €) - Dégustation : 460F (70 €)

A LA CARTE : 350F (53 €)
Déjeuner : *Lundi au Vendredi* - **Dîner** : *Lundi au Samedi*

Tateru Yoshino, élève doué des plus grands chefs français, a ouvert un premier "Stella Maris" au Japon. Désormais installé au pied de l'Arc de Triomphe dans un décor contemporain et harmonieux, il propose, à partir de produits de cultures et d'élevages biologiques, une cuisine française nuancée de sa sensibilité japonaise, presque zen. Les beignets de langoustines et sarrasin crémeux, la dorade royale en croûte de sel, le parfait à la pinacolada et son sablé nantais tout comme les beaux gibiers en saison méritent une salve d'applaudissements. Accueil et direction de la salle sont assurés avec gentillesse par Michiko, l'épouse de Tateru.

EUROPEAN CUISINE

◆

From 200 F to 450 F
(Price without wine, tip and tax included)

Italian

Chef
SÉBASTIEN EHRET

Manager
PIERRE LEMOINE

BELLAGIO

101, AVENUE DES TERNES
75017 - PARIS
métro Porte Maillot
TÉL. : 01 40 55 55 20 • FAX : 01 45 74 96 16
Amex, Visa, Mastercard

 To take up a country's culinary traditions is one of the best ways of appreciating its subtleties. Italy is no exception to the rule. In a dining room with all the lustre and Italian colours that recall the romantic elegance of the charming town of Bellagio on Lake Como, give in to the tempting pasta with pine nuts, with ricotta or with seafood, the osso bucco or veal escalope Milanese and all sorts of charming confections. The cellar provides a choice from the most subtle Italian vineyards.

Lunch and Dinner : *Every day*

A LA CARTE : 250F (38 €)
Déjeuner et Dîner : *Tous les jours*

Reprendre les traditions culinaires d'un pays est l'une des meilleures façons d'en découvrir les subtilités. L'Italie n'échappe pas à cette règle. Dans une salle aux murs patinés, aux couleurs de la péninsule, c'est toute l'élégance romantique de la charmante ville touristique de Bellagio, sur le lac de Côme que vous succomberez à la tentation des pâtes, aux pignons, à la ricotta ou aux fruits de mer, à l'osso bucco ou à l'escalope de veau à la milanaise et à toutes sortes de préparations de charme. La cave, elle, reflète largement les plus subtils vignobles italiens.

CASA DI DELFO

10, RUE DE LA TREMOILLE
75008 - PARIS
métro Alma-Marceau
TÉL : 01 47 23 53 53
Amex, Visa, Master Card, Diner's

Propietor
ALESSANDRO TAIOLA
Chef
ANGELINA TAIOLA

Proprietors
CHRISTINA & DELFO
TAIOLA

The specialties of this family owned restaurant are those of Northern Italy : "straw and hay" (fresh tagliatelle, foie gras and Parma San Daniele ham), cep risotto farandole, osso busco, vitello tonnato, all sorts of carpaccio and the enormous salads lovingly prepared by the 'Mamma' of the house, Angelina Taiola. Delfo is her son. Customers will enjoy a charming welcome from his American wife, Christina, in the pleasant dining room that opens out onto a little terrace. The dish of the day is displayed on a slate-board. The selection of Verona wines is exceptional.

Lunch - Dinner : **Every day**
MENU : Lunch : 200F (28 €)

A LA CARTE : Dinner : 250F (35 €)
Déjeuner - Dîner : **Tous les jours**

Les spécialités de ce restaurant familial sont celles du nord de l'Italie : paille et fieno (tagliatelles fraîches foie gras et jambon de parme San Daniele), farandole de risotto aux cèpes ; osso bucco ; vitello tonnato... et toutes sortes de merveilleuses salades concoctées par la Mamma, Angelina Taiola, qui cuisine, ici, de tout son cœur. Delfo, son fils et son épouse américaine, la ravissante Christina, réservent un accueil de charme dans cette salle à manger au décor baroque, au centre de laquelle trône un superbe lustre en verre de Murano. Grande ambiance, le soir, même tard. La cave de vins de Vérone est exceptionnelle.

RĒGNARD

CHABLIS

COPENHAGUE

142, AVENUE DES CHAMPS-ELYSÉES
75008 PARIS
métro George-V
TÉL : 01 44 13 86 26 • FAX : 01 42 25 83 10
Amex, Visa, Master Card, Diner's, JCB

Danish

Chef
BRUNO DELIGNE

Proprietor
LENNART ENGSTROM

There's no doubt about it, this is the best Danish restaurant in the world (including Denmark!). It's forty years old and still going strong. This is the birthplace of unilateral cooking, so salmon reigns supreme. But you can also savor uncommonly delicious concoctions such as danish plaice; eel; reindeer steak and rhubarb and strawberry compote for dessert. The Flora Danica, located on the ground floor, offers terrace dining in the summer, along the most beautiful avenue in the world. There's also a shop where you can purchase specialty products.

Lunch : Monday to Friday · **Dinner** : Monday to Saturday
MENU : 260F (40€)

A LA CARTE : 450F (69€)
Déjeuner : Lundi au Vendredi · **Dîner** : Lundi au Samedi

Un des meilleurs restaurants danois de la capitale. Dans le très sobre et élégant décor fin années 60 qui est entretenu avec un soin d'orfèvre, tous les classiques de la gastronomie scandinave sont ici traités avec respect. Les poissons fumés ou sucrés, le saumon sous toutes ses formes, mariné, en gravlax, à l'unilatéral, le carrelet à la danoise, l'anguille, le steak de renne en poivrade ou la compote de rhubarbe aux fraises prouvent, s'il en était besoin, que la cuisine de là-bas mérite l'attention. D'autant que la cave est riche de grands crus à prix doux et que les bières (Carlsberg et Ceres) sont tirées avec art et que l'aquavit en est le pendant naturel.

CONTI

72, RUE LAURISTON
75116 - PARIS
métro Boissière
TÉL : 01 47 27 74 67 • FAX : 01 47 27 37 66
Amex, Visa, Master Card, Diner's

Chef-Director
MICHEL RANVIER

Maître d'
LAURENT RICHARD

Michel Ranvier's cuisine offers diners an artful update on the grand tradition of eating Italian. He recreates time-honored dishes with his own distinctive flair. The register he works in is a happy mix of reinterpretations of classics and Italian country cooking, and his superb ingredients and skillful preparation result in the most flavorful dishes imaginable. Try the spring vegetable platter; artichokes in poivrade sauce with Alba white truffle oil; spaghetti with mullet roe; roasted bass with new potatoes in herb-flavored oil and iced risotto with caramelized pineapple dessert. The chic red and black dining room is decorated with Murano glass chandeliers.

Lunch : Monday to Friday - **Dinner** : Monday to Friday
MENU : Lunch 198F (30 €)

A LA CARTE : 350F (53 €)
Déjeuner : Lundi au Vendredi - Dîner : Lundi au Vendredi

La cuisine transalpine de Michel Ranvier, dans son registre mêlé d'influence française, est une des toutes bonnes de Paris. Cet ancien de Troisgros et Jamin joue à merveille des traditions italiennes sans oublier de les moderniser. Dans son écrin rouge et noir avec lustres de Murano, goûtez ses plats de toujours aux saveurs ciselées comme ceux issus du marché : assiette de légumes printaniers, artichauts poivrade à l'huile de truffe blanche d'Alba, spaghetti à la poutargue, bar rôti pommes nouvelles à l'huile d'herbes et risotto glacé à l'ananas caramélisé. Du grand art.

Italian

LA DOGANELLA

47, AVENUE RAYMOND POINCARÉ
75016 - PARIS
métro Trocadéro-Victor-Hugo
TÉL : 01 47 27 98 40
Amex, Visa, Master Card, Diner's

Chefs
CLAUDIO LUCAFERRI
LUDOVICO DANIELE

Proprietor
MARIO VERALDI

Welcome to Mario and Tonino's, who at Doganella - "the little custom's house", named after an area in Naples - offer fresh and lively cuisine. In front of their ovens, the two chefs, Claudio Lucaferri and Ludovico Daniele, turn out risottos, truffles, hot and cold antipasti, a very great choice of pasta, fish that seem to come straight out of the sea, remarkable beef from a special breed of Maine-Anjou cattle, sweets and ice-cream for fine finishing touches, and a good selection of local wines. Such is the daily scene here.

Lunch : *Every day* - **Dinner** : *Every day*
MENU : 120F - 160F (17€ -22€)

A LA CARTE : 250F (38€)
Déjeuner : *Tous les jours* - **Dîner** : *Tous les jours*

Benvenuti chez Mario et Tonino qui proposent en cette Doganella – "la petite douane", du nom d'un quartier de Naples - une cuisine italienne fraîche et enlevée. Devant les fourneaux, deux chefs, Claudio Lucaferri et Ludovico Daniele, des risotti, des truffes, des antipasti froids ou chauds, un choix très large de pâtes, des poissons qui semblent sortir de l'onde, des viandes d'un remarquable élevage de race Maine-Anjou, des douceurs et des glaces qui font de belles issues et une très large sélection de vins du cru, voilà ce qui se trame ici chaque jour.

DOMINIQUE

19, RUE BRÉA
75006 - PARIS
métro Vavin
TÉL : 01 43 27 08 80 • FAX : 01 43 26 88 35
Amex, Visa, Master Card, Diner's, JCB
http://www.Restaurant Dominique.com

Director
CHRISTOPHE BOZZETTO

Chef-Proprietor
FRANÇOISE DÉPÉE

Françoise Dépée of the Auberge des Templiers (Bézards) resuscitated this Russian-Parisian institution, which dates all the way back to the '20s. Dine or sup in the establishment's restaurant, where the air is filled with subtle Slavic soul, and enjoy classically-trained Dépée's personalized cuisine, inspired by the traditional flavors of yesteryear Russia (borsch; spiced chicken Satzivi; sturgeon oukha with coriander; kotlet Kieff). An impressive list of vodkas, Toula "koulikova" beer, Crimean and Georgian wines, and non-stop service from lunchtime onwards at the Russian Café (a vodka bar), where smoked fish, caviar, pirojki and zakouski feature on the menu.

Dominique and Russian Café : Tuesday to Saturday
MENU : 195F (27 €) - MENU DECOUVERTE : 350 F(49 €)

A LA CARTE : 250F (38 €)
Dominique et Russian Café : Mardi au Samedi

Françoise Dépée de l'Auberge des Templiers aux Bézards, a ressuscité cette institution russo-parisienne des années 20. De formation classique, elle propose, pour dîner et souper, au restaurant où l'âme slave est subtilement présente, une cuisine personnalisée inspirée des saveurs anciennes de la Grande Russie (bortch, poulet Satzivi aux épices, - oukha d'esturgeon à la coriandre, kotlet Kieff, acidulé de pommes Koktebel). Belle carte de vodka, bière de Toula "koulikova", vins de crimée et de Géorgie. Dès le déjeuner, accueil sans interruption au Russian-Café, bar à vodka idéal pour un encas de poissons fumés caviar, pirojki et zakouski.

FELLINI

47, RUE DE L'ARBRE SEC
75001 - PARIS
métro Louvre-Rivoli
TÉL : 01 42 60 90 66
Amex, Visa, Master Card

Chef	*Proprietor*
ANDREA TATTA	MANNAI EFISIO

The posters and movie photos on the walls pay tribute to the great Federico Fellini, and offerings on the menu pay tribute to your palate! There's pasta of every kind, of course, but also top-notch antipasti, original seasonal offerings and a number of tried-and-true dessert classics. The welcome is jovial, the service most attentive, and the cellar is stocked with some nice Italian wines. This establishment will make you feel as though you're in Italy!

*Lunch : Monday to Sunday - **Dinner** : Monday to Sunday*
MENU : Lunch 110F (16,77 €)

A LA CARTE : 220F (33,54 €)
*Déjeuner : Lundi au Dimanche - **Dîner** : Lundi au Dimanche*

Dans un décor de vieilles pierres qui joue une thématique partition autour de Federico Fellini, via affiches et photos de films, c'est l'Italie souriante, fraternelle et bon enfant qui vous accueille. Au rez-de-chaussée, sous le plafond en forme de coque de bateau renversé, ou dans la cave voûtée, vous goûterez une cuisine au quotidien racontée avec volubilité par un maître d'hôtel de talent. Carpaccio de saumon et turbot, risotto aux langoustines, penne à l'arrabiata, panna cotta et tiramisu mettent du soleil dans votre assiette. Les vins transalpins aussi ne manquent pas d'esprit.

Italian

FINDI GEORGE V

24, AVENUE GEORGE-V
75008 - PARIS
métro George-V
TÉL : 01 47 20 14 78 • FAX : 01 47 20 10 08
TRAITEUR : 01 47 20 09 94
Amex, Visa, Master Card, Diner's

Chef
LOÏC GAUDIN

Proprietor
JEAN-PHILIPPE BLANC

This new Italian name has recently been taken over by Jean-Philippe (of the Blanc brothers family). In an Italian palazzo drawing room decor redesigned with a modern eye, with hints of the 1940s, a young chef - who for a long time was at the Fermette Marbeuf - has settled in to produce a cuisine that includes all the great classics. Fresh antipasti, Parma ham or veal piccata, market salads, a variety of carpaccio, fresh home made pasta, fillet of sea bass in extra virgin olive oil, desserts and wines of la Botte. Right next door is a catering service for take-aways for a dolce vita at home. Italian brunch on Sundays.

Lunch : *Monday to Friday* - **Dinner** : *Monday to Sunday*
MENU : *Lunch and dinner* **178F (27 €)**

A LA CARTE : 230F (35 €)
Déjeuner : Lundi au Vendredi - Dîner : Lundi au Dimanche

Cette nouvelle enseigne italienne vient d'être reprise par Jean-Philippe (de la famille des Frères Blanc). Dans un décor de salon d'un palazzo italien revisité avec un œil contemporain où percent quelques influences des années 40, un jeune chef - qui fût longtemps à La Fermette Marbeuf - a pris ses aises pour envoyer une cuisine qui égrène les classiques du cru. Antipasti frais, jambon de Parme , salades du marché, variété de carpaccio, pâtes fraîches faites maison, filet de bar à l'huile d'olive extra vierge, piccata de veau, desserts et vins de la Botte. Juste à côté, une boutique traiteur pour emporter chez soi et y faire la dolce vita. Brunch italien le dimanche.

FONTANAROSA

28, BOULEVARD GARIBALDI
75015 - PARIS
métro Cambronne
TÉL : 01 45 66 97 84
Amex, Visa, Master Card

Chef
NUNZIA PILLONI

Proprietor
FLAVIO MASCIA
Manager
SERGIO MASCIA

An elegant restaurant that extends onto a delightful patio when the fair weather comes. The Franco-Italian cuisine is based on daily market finds. To start with, there are a variety of seasonal antipasti, followed by Sardinian-style pasta with tomato and fennel one day, and gnocchi paired with taleggio and arugula or Milanese-style risotto with saffron the next. Italian wines straight from the (excellent) source, and a dazzling welcome from the ever-smiling Sergio Mascia. Paradise for lovers of fine Italian food.

Lunch : *Monday to Sunday* · **Dinner** : *Monday to Sunday*
MENU : Lunch 89F (13,57 €) - 120F (18,29 €)

A LA CARTE : 200F (30,49 €)
Déjeuner : *Lundi au Dimanche* · *Dîner* : *Lundi au Dimanche*

Un restaurant élégant qui se double, l'été, d'un patio bienvenu. La cuisine est transalpine sur le mode du marché quotidien. Pour débuter, les antipasti variés s'adapteront toujours aux saisons. Un jour, les pâtes seront sardes, à la tomate et au fenouil, un autre, les gnocchi se marieront avec du taleggio et de la roquette alors que le risotto sera à la mode milanaise, au safran. Les vins italiens sont puisés à bonne source et Sergio Mascia accueille chaque jour avec un inaltérable sourire. Que demander de plus à l'Italie gourmande ?

FRA DIAVOLO

73, AVENUE KLÉBER
75116 – PARIS
métro Kléber
TÉL. : 01 47 27 73 75 – FAX : 01 47 55 86 64
Amex, Visa, Master Card

Manager
GAETANO MATRULO

Proprietor
GUIDO MATRULO

Between the Champs-Elysées and the Trocadéro, a quality trattoria in the purest Mediterranean tradition. In a truly jolly atmosphere the chef, Raffaele Caro, straight from Naples, uses the best products from all the gourmet regions of Italy and cooks them with great skill to highlight their inherent flavours. The "Fra Diavolo" spaghetti with lobster flambéed in Cognac, the fish baked in salt and served at the table, the scampi risotto and the panna cotta, good southern wines as well as the lively service all speak in favour of this family run establishment.

Lunch - Dinner : Every day
MENU : Lunch and dinner 180F (25 €) - Formule déjeuner 98F (14 €) *(Monday to Friday)*

A LA CARTE : 250F (35 €)
Déjeuner - Dîner : Tous les jours - Formule déjeuner : Lundi au Vendredi

Entre Champs-Elysées et Trocadéro, une trattoria de qualité dans la pure tradition méditerranéenne. Dans une atmosphère de réelle gaieté, le chef Raffaele Caro, venu directement de Naples, fait preuve de savoir-faire, utilisant les bons produits de toutes les régions de l'Italie gourmande, les cuisinant avec art en leur laissant leur goût authentique. Les spaghetti "Fra Diavolo" au homard flambés au Cognac, le poisson en croûte de sel découpé devant vous, le risotto aux langoustines et la panna cotta, les bons crus de la botte autant que le service enjoué, témoignent en faveur de cette maison familiale.

IL CORTILE

37, RUE CAMBON
75001 - PARIS
métro Concorde
TÉL : 01 44 58 45 67 • FAX : 01 44 58 45 69
Amex, Visa, Master Card, Diner's, JCB
e-mail : ilcortile@castille.com

Italian

Chef	Director
NICOLAS VERNIER	JEAN-MICHEL GADBY

The kitchen in this restaurant, situated in the fashion, jewellers and business area of Paris a few steps from the Place Vendôme, opens onto the dining room lit by the great *terrasse* with its Italian fountain. Spit roasting and *a la plancha* cooking are favourites here. Nicolas Vernier is an expert in the use of local Italian produce. The flavours soar and mingle in a gourmet counterpoint of which the chef, who remains faithful to the Ducasse spirit, is a true master. It was his cooking that earned the restaurant a Michelin star. The cellar of Italian wines is supervised by Alain Ducasse's chief cellarman, Gérard Margeon.

Lunch : Monday to Friday · **Dinner** : Monday to Friday
MENU DEJEUNER : 290F (44 €)

A LA CARTE : 400F (61 €)
Déjeuner : Lundi au Vendredi · *Dîner* : Lundi au Vendredi

Dans le quartier de la mode, de la haute-joaillerie et des affaires, à deux pas de la Place Vendôme, la cuisine est ouverte sur une salle à manger, éclairée par la grande terrasse à la lumineuse fontaine à l'italienne. Broche et cuissons "a la plancha" y sont à l'honneur. Nicolas Vernier sait à la perfection exploiter les ressources des terroirs de la Péninsule. Les saveurs s'envolent, se répondent, en un contrepoint gourmand dont le chef, fidèle à l'esprit "Ducasse", reste le maître. Ce qui lui a valu une étoile au Guide Michelin. La cave de vins italiens est supervisée par le chef-sommelier d'Alain Ducasse, Gérard Margeon.

Italian

IL SARDO

46 BIS, RUE DE CLICHY
75009 - PARIS
métro Liège
TÉL : 01 48 78 25 38
Amex, Visa, Master Card

Chefs
FABIO TENTI
NICOLETTA SALIU

Proprietor
GIAMBATTISTA SALIU

 A small trattoria-style restaurant which is becoming one of the great Italian venues in Paris. The decor in Giambattista Saliu's restaurant is of monastic simplicity, but the dishes are full of Mediterranean flavors, made using the best produce of his native Sardinia, including the wines, and other famous ones from here and there. The Italy of the "golosi" - the gourmets - has a good address here.
Antipasto di tonno, malloreddus alla Campidanese, trancio di spada alla Carlofortina, pecorino sardo, panna cotta.

Lunch : Monday to Saturday - **Dinner** : Monday to Saturday
MENU : Lunch 90 F (14€)

A LA CARTE : 200 F (30€)
Déjeuner : Lundi au Samedi - **Dîner** : Lundi au Samedi

Une petite table à la manière de la trattoria qui devient une des grandes maisons italiennes de la capitale. Chez Il Sardo, le décor est d'une simplicité biblique, mais l'assiette est pleine des saveurs de la Méditerranée. Celles qu'il puise dans les bons produits de sa région, la Sardaigne - y compris les vins -, mais aussi ceux qui sont vantés ici ou là. L'Italie des "golosi" - les gourmands - a trouvé là une bien bonne adresse.
Antipasto di tonno, malloreddus alla Campidanese, trancio di spada alla Carlofortina, pecorino sardo, panna cotta.

MAVROMMATIS

42, RUE DAUBENTON
75005 - PARIS
métro Censier-Daubenton
TÉL : 01 43 31 17 17 • FAX : 01 43 36 13 08
Visa, Master Card

Greek

Chef-Proprietor
ANDREAS MAVROMMATIS

Proprietor
EVAGORAS MAVROMMATIS

Going to this restaurant tucked along the quaint rue Mouffetard is much like visiting a super-hospitable friend's house. The "Mavro" brothers greet you with wide smiles and put you in a festive mood as you wait for some of the very best Greek cuisine Paris has to offer. Enjoy beautifully prepared, artfully finished Hellenic classics – an assortment of hot and cold appetizers ; fillets of gurnard ; preserved lamb and yogurt with honey – paired with your pick from a pleasing selection of wines from "the old country."

Lunch : *Tuesday to Sunday* - **Dinner :** *Tuesday to Sunday*
MENU : Lunch 120F (18 €) - 150F (23 €)

A LA CARTE : 200F (30 €)
Déjeuner : *Mardi au Dimanche* - **Dîner :** *Mardi au Dimanche*

Les frères Mavro, Andréas aux fourneaux et Evagoras en salle, c'est la tradition et le terroir de la Grèce poussés jusqu'en sces moindres détails. Près de Mouffetard, dans un décor de bois et de bleu couleur des îles ioniennes, de photos et d'objets qui racontent le pays avec intelligence, c'est toute l'âme de la cuisine méditerranéenne qui défile dans les assiettes. Autour de très bons vins hellènes, la rafale de petits hors-d'œuvre chauds et froids, les filets de rouget, l'agneau confit et le yaourt au miel font de ce restaurant le meilleur grec de la capitale. Donc du monde.

Italian

Chef-Propriétor
CLAUDIO PUGLIA

Director
MASSIMILIANO BALOSSI

LA ROMANTICA

73, BOULEVARD JEAN JAURÈS
92110 - CLICHY
métro Mairie de Clichy
TÉL : 01 47 37 29 71 • FAX : 01 47 37 76 32
Amex, Visa, Master Card

One of Paris's best Italian restaurants is actually tucked away in Clichy. Make your way past the front doors to the end of the corridor, where you'll discover a magical courtyard garden for patrons' warm weather enjoyment, sided by an indoor dining room with a view on the green outdoors. Claudio Puglia's cuisine is positively enthralling. Treat yourself to sardine fillets in balsamic vinegar, ravioli and ricotta in veal jus, Milanese-style risotto with saffron and beef marrow, fillets of red mullet in a white bean cream sauce or osso buco, followed by the chilled sabayon dessert flavored with marsala wine. The cellar is exceptional, and the welcome couldn't be more heartfelt.

Lunch : Monday to Friday - Dinner : Monday to Saturday
MENU : Lunch 215F (33 €) - 295F (45 €) - Dinner 250F (38 €) - 395F (60 €)

A LA CARTE : 350F (53 €)
Déjeuner : Lundi au Vendredi - Dîner : Lundi au Samedi

L'un des meilleurs italiens de Paris se niche en réalité à Clichy. Passée la porte cochère, vous découvrez, au bout d'un couloir, une magique cour-jardin pour les beaux jours et une salle-à-manger largement ouverte sur les frondaisons. Et, surtout, la cuisine magique de Claudio Puglia, un Italien qui sait faire flamboyer et raconter le soleil, les parfums et les saveurs de son pays. En témoignent, les filets de sardines au vinaigre balsamique, les ravioli et ricotta au jus de veau, le risotto comme à Milan, au safran et à la moelle de bœuf, les filets de rouget à la crème de haricots blancs, l'osso buco et le sabayon glacé au marsala. La cave est exceptionnelle et l'accueil tout en sourire.

SAN FRANCISCO

1, RUE MIRABEAU
75016 PARIS
métro Mirabeau
TÉL. 01 46 47 84 89 - FAX : 01 46 47 75 44
Amex, Visa, Master Card, Diner's

Italian

Sommelier
LAURENT TESSIER
Maitre d'
SIMONE POMIATO

Proprietor
CARLO BIANCHI

Connoisseurs of fine Italian food flock to this 50's-style eatery decorated in eye-catching (albeit tasteful !) "retro meets Commedia dell'Arte" style. The classic fare focuses on top-notch ingredients prepared out of the utmost respect for the Italian culinary tradition : delicioux antipasti ; fried langoustines with tartar sauce ; a variety of pasta ; tuna in Modena balsamic vinegar ; Venetian-style calf's liver ; osso buco and tiramisu. The wait-staff and guest roster are part and parcel of the atmosphere, which is slightly formal at dinner and more relaxed at lunch.

Lunch : Monday to Saturday · *Dinner* : Monday to Saturday

A LA CARTE : 200F (30 €)
Déjeuner : Lundi au Samedi · *Dîner* : Lundi au Samedi

Dans un cadre années 50 bichonné avec soin, rétro et comedia dell'arte comme on l'aime, c'est un public d'orfèvres pro-italiens qui vient se régaler d'une cuisine classique au plus près du produit. Les traditions du cru sont respectées avec les antipasti, les langoustines frites sauce tartare, l'assortiment de pâtes, le thon au vinaigre balsamique de Modène, le foie de veau à la vénitienne, l'osso buco et le tiramisu qui sont, dans leur genre, de bien belles choses. Le service participe, tout comme le public, à l'ambiance, ouatée au dîner, et plus décontractée au déjeuner.

RESERVATION CENTER ☎ 01 42 25 10 10

YVAN

1 BIS, RUE JEAN-MERMOZ
75008 - PARIS
métro F. D. Roosevelt
TÉL : 01 43 59 18 40 • FAX : 01 42 89 30 95
Amex, Visa, Master Card, Diner's, JCB

Chef-Proprietor
YVAN ZAPLATILEK

Maître d'
FABRICE DUPUY
Chef
FRÉDÉRIC JOULIN

Yvan's is the venue for show-biz people and trendy Parisians. This very attractive restaurant is run by Yvan himself, the blond prince of the cooking stove. Inspired by his Belgian origins, the atmosphere is a perfect balance between simplicity and sophistication, tables are beautifully laid, floral decorations abound, the cuisine is always fresh and as close to the original product as possible – this is why people come to Yvan's. On one day you can sample the beef carbonade Flemish style, served with croutons and Meaux mustard, and on another day you could try the poached skate, the pan-fried shrimp and Chinese cabbage, or the scallops with chicory juice "à la Kriek", and potato waffles. A celebration for the spirit and for the palate.

Lunch : Monday to Friday - Dinner : Monday to Saturday
MENU : DE 188F (29 €) À 298F (45 €) - Dégustation : 318F (49 €)

A LA CARTE : 350F (539 €)
Déjeuner : Lundi au Vendredi - Dîner : Lundi au Samedi

Rendez-vous obligé du show-biz et des Parisiens dans le vent, le restaurant de Yvan, petit prince blond des fourneaux, a bien du charme. Tables joliment mises, fleurs en abondance et, surtout, joyeuse bonne humeur à chaque service, et une cuisine toujours fraîche, toujours au plus près du produit, inspirée par sa patrie d'origine, la Belgique, entre simplicité et sophistication, voilà ce que l'on vient chercher chez lui. Un jour la carbonade de bœuf à la flamande et ses croûtons de pain à la moutarde de Meaux, un autre la raie pochée, petites crevettes grises poelées et choux chinois ou les Saint-Jacques aux endives jus "à la Krieck", pommes gaufrettes. Une fête de l'esprit et du palais.

Champagne POMMERY.
Ordinary days can have extraordinary moments !

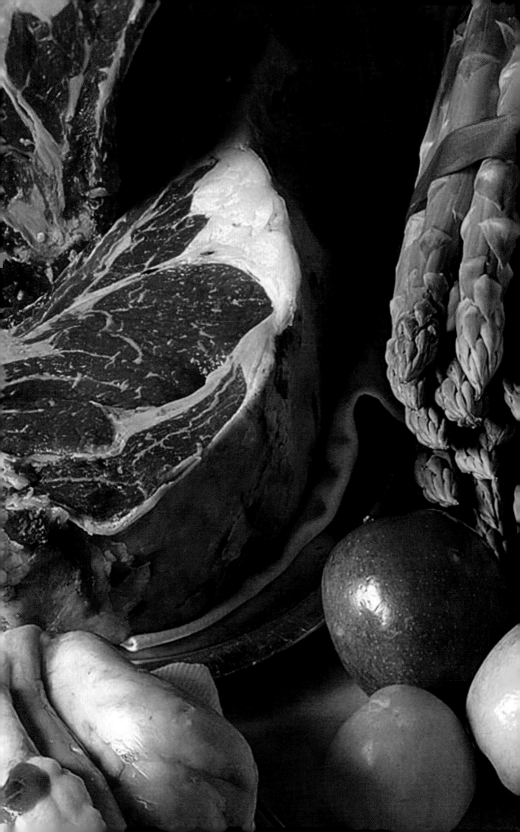

BISTROTS

◆

From 200 F to 300 F

(Price without wine, tip and tax included)

BOUVET LADUBAY À SAUMUR, 8 KILOMÈTRES DE CAVES,
CENTRE D'ART CONTEMPORAIN, THÉÂTRE DU XIXÈME SIÈCLE

BOUVET-LADUBAY

SAUMUR BRUT

CRÉATEUR ET ORGANISATEUR DES JOURNÉES NATIONALES DU LIVRE ET DU VIN

L'ABUS D'ALCOOL EST DANGEREUX POUR LA SANTE. A CONSOMMER AVEC MODERATION.

ALLARD

1, RUE DE L'EPERON
75006 - PARIS
métro Odéon
TÉL : 01 43 26 48 23 • FAX : 01 46 33 04 02
Amex, Visa, Master Card, Diner's, JCB

Chef
DIDIER REMAY

Proprietor
CLAUDE LAYRAC

This legendary bistro was taken over by the Claude Layrac, top-notch professionals with other highly successful establishments located between Saint-Michel and Saint-Germain-des-Prés. The dining room has a wonderful 50s-60s retro feel about it, and the fare is exceedingly tasty. Savor the pleasures of superb Beaujolais, snails done the old-fashioned way and scrumptious scallops in butter sauce, served by waiters with a sense of tradition. A deliciously moving experience!

Lunch : Monday to Saturday - **Dinner** : Monday to Saturday
MENU : Lunch 150F (23€) - Dinner 200F (30€)

A LA CARTE : 260F (40€)
Déjeuner : Lundi au Samedi - Dîner : Lundi au Samedi

Le souvenir de "Fernande" a été pieusement conservé. Claude Layrac n'a rien changé au décor désuet façon monument de l'art bistrotier, avec zinc, carrelage, et petites salles intimistes, ni vraiment à la cuisine qui continue de valoriser la grande tradition ménagère. Les escargots, le persillé, les coquilles Saint-Jacques ou le turbot au beurre blanc, le canard aux navets ou aux olives et la charlotte au chocolat sont toujours fidèles au poste. Mais désormais, les serveurs en grand tablier proposent aussi un remarquable agneau du Limousin. Allard est toujours dans Allard.

Chef
OLIVIER PIERPAOLI

Proprietor
JEAN-PIERRE ROBINOT

L'ANGE VIN

168, RUE MONTMARTRE
75002 - PARIS
métro Grands-Boulevards
TÉL : 01 42 36 20 20 • FAX : 01 42 36 20 62
Visa, Master Card

This former theater-café complex boasts an authentic period staircase leading to a '30s mezzanine, and a zinc bar by Nectoux. These days it's better known as a thriving wine bar and restaurant. Jean-Pierre Robinot's overriding passion for Loire Valley and natural wines couldn't be more apparent, and chef Olivier Pierpaoli happily navigates between light, inventive cuisine and traditional country cooking, achieving marvelous harmonies between food and drink with the likes of his mini eggplant cake appetizer; sardine fillets in a basil marinade; fillet of John Dory with curried leeks in a filo "brick;" lamb cooked in a crust and served with its rosemary-flecked jus. It goes without saying that the cellar is a veritable treasure trove !

Lunch : Tuesday to Saturday · **Dinner** : Tuesday to Saturday
MENU : 150F (23 €)

A LA CARTE : 180F (27 €)
Déjeuner : Mardi au Samedi · Dîner : Mardi au Samedi

Un café-théâtre avec escalier d'époque menant à une mezzanine 1930, aujourd'hui avec zinc signé Nectoux, qui est devenu un restaurant-bar à vins faisant florès. Il est vrai que Jean-Pierre Robinot, grand passionné des vins de la Loire et des vins naturels a su y imprimer sa marque. Le chef, Olivier Pierpaoli, navigue avec bonheur entre une cuisine inventive, légère, et la tradition des terroirs, mariant à merveille les plats et le vin. Le petit gâteau d'aubergines, les filets de sardine marinées au basilic, filet de saint-pierre et la brique de poireaux au curry, l'agneau en croûte au jus de romarin participent de ce bel esprit. La cave recèle, bien entendu, de très jolis trésors.

BISTRO 121

121, RUE DE LA CONVENTION
75015 - PARIS
métro Boucicaut
TÉL : 01 45 57 52 90 • FAX : 01 45 57 14 69
Amex, Visa, Master Card, Diner's

Maître d'
JEAN-PIERRE CABIRO

Proprietor
STÉPHANE MOUSSET

This "bistro" is actually a restaurant that first saw the light of day back in the 60's, and hasn't changed much since. The Mousset brothers have maintained Slavik's interior decorating scheme and opted for market-based fare, with a most satisfying 178 FF fixed-price menu in the offing. The hot or cold oysters, delicious foie gras, sautéed squid, Dublin Bay prawns au gratin with Sichuan pepper, Noirmoutier turbot and layered chocolate and orange dessert are all well worth the trip. And the loyal regulars who flock here make for lots of cheery atmosphere. An all-round enjoyable dining experience!

Lunch : *Monday to Sunday* - **Dinner** : *Monday to Sunday*
MENU : 178F (27 €)

A LA CARTE : 250F (38 €)
Déjeuner : *Lundi au Dimanche* - **Dîner** : *Lundi au Dimanche*

Ce «bistro» qui est un vrai restaurant n'a guère changé depuis sa création, dans les années soixante. Le décor de Slavik a été conservé par les frères Mousset - des anciens du groupe Flo qui sont aussi propriétaires de Chez Françoise aux Invalides -, la cuisine suit le marché et, le menu à 178 francs remplit son office. Les huîtres chaudes ou froides, le foie gras délicieux, les calamars sautés, le gratin de langoustines au poivre de Sichuan, le turbot de Noirmoutier et la feuillantine au chocolat à l'orange valent aussi le détour. L'ambiance ici apportée par un public fidèle témoigne pour l'ensemble.

Chef-Proprietor
HUBERT

Director
MARYLINE HUBERT

LE BISTRO D'HUBERT

41, BOULEVARD PASTEUR
75015 - PARIS
métro Pasteur
TÉL : 01 47 34 15 50 • FAX : 01 45 67 03 09
Amex, Visa, Master Card
http://www.bistrodhubert.com
email : message@bistrodhubert.com

Hubert was one of France's foremost cheese experts before he became a cook of sizable talents. His bistro, chock-a-block with full mason jars on the shelves and checkered tablecloths, is reminiscent of farms in the Landes region. Obviously, Hubert's cooking steals the show . Don't miss his mini crab cakes, peppers stuffed with garlicky puréed cod and potatoes, pig's trotters in pastry with wild mushrooms and truffle jus, and succulent caramel-apple dessert. Nice cellar made up of regional wines. The other star of the show is Havana cigar mistress Maryline, who'll judiciously choose the right stogie for you to enjoy with your digestif...

Lunch : *Monday to Sunday* - **Dinner** : *Monday to Sunday*

MENU CARTE : 210F (32 €)
Déjeuner : *Lundi au Dimanche* - **Dîner** : *Lundi au Dimanche*

Vous êtes chez Hubert, qui fut un des plus grands fromagers de France, puis un cuisinier au talent reconnu. Son bistro évoque les fermes landaises avec bocaux de conserves sur les étagères et nappes à carreaux. La cuisine est évidemment d'intérêt, Hubert ayant gardé un sacré coup de patte : petit gâteau de crabe, pimientos farcis de brandade, galette de pied de porc aux pleurotes et jus de truffe, délice de caramel au beurre salé et son zéphyr de pommes. Sympathique cave de vins régionaux. Le deuxième intérêt est Maryline, havanophile qui ne manque pas de vous proposer un choix judicieux de cigares à accompagner d'une eau-de-vie choisie.

Le Bistrot de Paris

33, rue de Lille
75007 Paris
métro Rue du Bac
Tél. : 01 42 61 16 83 - Fax : 01 49 27 06 09
Amex, Visa,

Proprietor
Eric Corailler

Proprietor
Christian Amic

There is something timeless about Parisian style, a matchless charm and elegance. This "Paris bistro" is an example, with its billiard room on the first floor, winter garden, the patina of its mirrors, lacquered screens painted with feminine themes, the opaline globes of its chandeliers, and even the head waiter's splendid moustache that seems to take us back to the beginning of the twentieth century. In this timeless decor the traditional cuisine is in good taste and matched by a good reliable wine list.

Lunch - Dinner : Every day
MENU : Lunch : 95F- 169F(13-24 €) - Dinner : 189F (27 €)

A LA CARTE : 230F (32 €)
Déjeuner- Dîner : Tous les jours

Il y a quelque chose d'impérissable dans le style parisien, un charme, une élégance que rien ne remplace. Ce "bistrot de Paris" en témoigne : avec sa salle de billard, au premier étage, son jardin d'hiver, ses reflets dans des miroirs patinés, ses paravents en laque au paysage féminin, ses lustres aux boules d'opaline blanche. Jusqu'à la moustache imposante du maître d'hôtel qui évoque le passage de l'autre siècle à celui que nous allons laisser derrière nous. Dans ce décor immuable, la cuisine est de tradition et de bon ton, s'accordant à des vins dont la dominante est le choix le plus sûr.

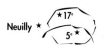
LES BISTROTS D'À CÔTÉ

10, RUE GUSTAVE FLAUBERT - 75017 - TÉL : 01 42 67 05 81*
16, AVENUE DE VILLIERS - 75017 - TÉL : 01 47 63 25 61
16, BOULEVARD SAINT-GERMAIN - 75005 - TÉL : 01 43 54 59 10*
4, RUE BOUTARD - 92200 NEUILLY/SEINE - TÉL : 01 47 45 34 55

Amex, Visa, Master Card

Chefs
PIERRE & ÉDOUARD
EMMANUEL & OLIVIER

Directors
CLAUDE & YVON
JOSEPH & YANN

For ten years now, Michel Rostang's 17th arrondissement bistro has been a "must" with Paris's fashionable food lovers. Its décor, which features a collection of Michelin guides, barbotines and turn-of-the-century curios, is eye-catching, to say the least. Similar, fun-loving atmosphere prevails at Rostang's three other establishments. What accounts for their continued success? Consistently impeccable ingredients and on-the-mark preparation. Terrine of Morteau sausage, pig's trotters with lentils, Aubrac rib steak, chicken with whipped potatoes and fruit-studded mille-feuille... all fresh from the market, dazzle even the most jaded palette!

Lunch : *Monday to Friday* - **Dinner** : *Monday to Saturday*- * *Open 7/7*
MENU : Lunch 250F (38 €)

A LA CARTE : 250F (38 €)
Déjeuner : *Lundi au Vendredi* - **Dîner** : *Lundi au Samedi* - * *Ouvert 7/7*

Dix ans déjà que Michel Rostang attire le tout-Paris qui aime les bonnes nourritures. Dans le 17e, son décor - avec une collection quasiment complète de guides Michelin - de barbotines et d'objets début de siècle est un must. Le même genre sur le mode bouchon-chic règne dans ses trois autres adresses. Les raisons du succès ? Des produits toujours impeccables, des cuissons au plus juste et des saveurs sur le mode rustique qui s'expriment sans fard. Piquillos d'encornets, terrine de saucisse de Morteau, pied de porc aux lentilles, côte de bœuf de l'Aubrac, poulet à la purée de pommes de terre et millefeuille aux fruits possèdent fraîcheur et malice gourmandes.Les poissons et fruits de mer sont à l'honneur au Bistrot...Côté Mer, le dernier de Michel Rostang, boulevard Saint-Germain.

BISTROT DE L'ETOILE

19, RUE LAURISTON
75116 – PARIS
métro Charles-De-Gaulle - Etoile
TÉL. : 01 40 67 11 16 – FAX : 01 45 00 99 87
Amex, Visa, Master Card, Diner's, JCB

Chef
CHRISTOPHE LACOMBE

Director
CÉDRIC MARÉCHAL

Here, in this pleasant bistro decorated in wood and metal, run by Guy Savoy's old partner Chistophe Lacombe and Cédric Maréchal, is where you will find good value for money in terms both of quality and sheer pleasure. The food? Fresh ingredients of course, classic cuisine as well as novelties inspired by the day's market. This is the daily agenda at this local venue where the cellar also harbours a fine selection of carefully chosen wines.

Lunch : Monday to Friday · **Dinner** : Monday to Saturday
MENU : 135F and 165F (21 and 25 €)

A LA CARTE : 210F (32 €)
Déjeuner : Lundi au Vendredi · Dîner : Lundi au Samedi

Le bon rapport qualité-prix-plaisir, c'est ici que vous le trouverez, dans ce bistrot d'ambiance au décor de bois et de métal, animé par Christophe Lacombe, en chef de cuisine et Cédric Maréchal, en directeur de salle, complices de toujours de Guy Savoy. Ce qui est ici mis dans les assiettes ? Des produits frais évidemment, avec des classiques de la cuisine comme des nouveautés glanées au fil du marché. Voilà ce qui se trame chaque jour dans cette bonne adresse de l'arrondissement où la cave, aussi, recèle ce qu'il faut de bonnes bouteilles sélectionnées avec art.

Co-Proprietor
JEAN-MARIE ALLEMOZ

Co-Proprietor
MARIE-CHRISTINE ALLEMOZ

CAVES PÉTRISSANS

30 BIS, AVENUE NIEL
75017 - PARIS
métro Ternes
TÉL : 01 42 27 52 03 • FAX : 01 40 54 87 56
Amex, Visa, Master Card

Jean-Marie Allemoz's bistro is probably the only one in Paris to share its entrance with a magnificent wine shop run by his wife, Marie-Christine (née Pétrissans). Naturally the wine list is wonderful, but the simple, perfect food is deserving of praise as well. Try the homemade terrine with onion jam; veal tenderloin; cuts of Aubrac or Salers beef and the crème brûlée for dessert. This is a bistro with soul! In the summer the terrasse is very "parisiens".

Lunch : *Monday to Friday* - **Dinner** : *Monday to Friday*
MENU : 170F (26 €)

A LA CARTE : 200F (30 €)
Déjeuner : *Lundi au Vendredi* - **Dîner** : *Lundi au Vendredi*

Tristan Bernard les a toujours vantées, ses caves plus que centenaires aujourd'hui devenues bistrot baba-chic. Derrière les vitres gravées, sous les moulures, sur les banquettes de moleskine ou devant le bar toujours bondé, il se trame toujours quelque chose chez les Allemoz. Leur nouveau chef est un jeune-vieux routier qui connaît ses classiques sur le bout de la fourchette. Il a posé sa patte sur la terrine maison à la confiture d'oignons, le tendron de veau, les pièces de bœuf de l'Aubrac ou de Salers et la crème brûlée. Inutile de dire le bien qu'il faut penser de la cave, elle est remarquable.

RUINART

Champagne

T H E ONLY
ONE

Established

SINCE
1729

Chef
PIERRE BARDECHE

Propietor
COLETTE BARDECHE

AUX CHARPENTIERS

10, RUE MABILLON
75006 - PARIS
métro Saint-Germain
TÉL : 01 43 26 30 05 • FAX : 01 46 33 07 98
Amex, Visa, Master Card, Diner's, JCB

This grand turn-of-the-century bistro is visibly devoted to the works of the carpenters' guild, located nearby. People from the quarter's publishing houses, savvy students and calf's head connoisseurs (a specialty here) gather in the burnished dining room to rub elbows and enjoy the likes of Egletons tripe sausage, blood sausage with apples, Bresse chicken and flognarde (moist apple cake). The atmosphere - as colorful and flavorful as the food - adds to Aux Charpentiers' "down home" appeal.

Lunch : Monday to Sunday - **Dinner** : Monday to Sunday
MENU : Lunch 120F (19€) (wine included except week-end) - Dinner 158F (24€)

A LA CARTE : 200F (30€) - 210F (32€)
*Déjeuner : Lundi au Dimanche - **Diner** : Lundi au Dimanche*

Un grand bistrot début de siècle qui est notamment consacré aux œuvres des compagnons charpentiers dont le musée est voisin. Mais, dans un décor qui ne manque pas de patine, ce sont les éditeurs du quartier, les étudiants, les hommes politiques qui savent compter, les amateurs de tête de veau - elle est superbe - et ceux qui tâtent du boudin de Corrèze aux pommes, du poulet de Bresse, des viandes du Limousin labellisées et de la flognarde qui se retroussent les manches et se touchent les coudes. Dans ce petit antre dévolu aux plats bourgeois, l'ambiance est à l'identique, haute en couleurs et en saveurs.

CHEZ ANDRÉ

12, RUE MARBEUF
75008 - PARIS
métro Franklin-Roosevelt
TÉL : 01 47 20 59 57 • FAX : 01 47 20 18 82
Amex, Visa, Master Card, Diner's

Chef
MARC ABRIAS-LAFOREST

Director
JEAN-LUC AMBLAR

This timeless brasserie - it has been going for more than sixty years - cooks like in the good old days. Jellied eggs with fresh tarragon, rabbit pâté in jelly and gherkins, Puy lentil salad, floured sole pan-fired in butter with lemon, roast leg of lamb and mille-feuille puff pastry are so many nostalgic souvenirs. The customers here all know what they have come for, a gourmet pilgrimage, looked after by almost motherly waitresses who bring them their dishes with unfailing good humour. This too is gourmet Paris.

Lunch : Monday to Sunday · Dinner : Monday to Sunday
MENU : 180F (27€)

A LA CARTE : 250F (38€)
Déjeuner : Lundi au Dimanche · Dîner : Lundi au Dimanche

Cette brasserie sur laquelle le temps n'a pas de prise – elle existe depuis plus de 60 ans – pratique la cuisine comme jadis. L'œuf en gelée à l'estragon frais, la terrine de lapin en gelée et cornichons, la salade de lentilles du Puy, la sole meunière, le gigot d'agneau et le millefeuille sont autant de souvenirs qui entretiennent la nostalgie. Nul, d'ailleurs, ne s'y trompe, venant faire ici un pélerinage gourmand autour de serveuses quasiment maternelles qui apportent les plats avec une constante bonne humeur. Paris gourmand, c'est aussi cela.

Chef
FRANCIS BONFILLOU

Manager
CÉCILE DESIMPEL

CHEZ ELLE

7, RUE DES PROUVAIRES
75001 – PARIS
métro Les Halles
TÉL. : 01 45 08 04 10 • FAX : 01 44 67 71 28
Amex, Visa, Master Card

Next to Saint-Eustache church the memory of the old Halles food market has given way to a thoroughly up to date bistro. At the inviting table d'hôte, as in the dining room decorated with beautiful photographs of the inmates of the old local brothels, cheerful and charming Cécile Desimpel caters to your gourmet fancies. The high quality produce cooking is largely based on traditional bourgeois dishes, but offers a few personal and more modern recipes. The cellar allows it all to be washed down with generous informality. The atmosphere never runs out of steam (swing dance music on Thursday evenings.)

Lunch : Monday to Friday - **Dinner** : Monday to Friday
MENU : 120F (19 €)

A LA CARTE : 165F (25 €)
Déjeuner : Lundi au Vendredi - Dîner : Lundi au Vendredi

Près de Saint-Eustache, la nostalgie des Halles d'antan a laissé la place à un bistrot bien dans l'air du temps. A la table d'hôte qui vous tend les bras, comme dans la salle à manger décorée de belles photos des pensionnaires de maisons closes de jadis, l'enjouée et charmeuse Cécile Desimpel s'affaire pour votre bonheur gourmand. La cuisine de bons produits fait la part belle aux plats bourgeois tout en valorisant quelques recettes personnelles et plus modernes. La cave permet d'irriguer le tout sans façon. L'ambiance, elle, ne baisse jamais d'un ton (musique swing-musette le jeudi soir).

FERNAND

13, RUE GUISARDE
75006 - PARIS
métro Mabillon
TÉL : 01 43 54 61 47 • FAX : 01 43 25 65 43
Visa, Master Card

Chef
RÉMIS LEBON

Proprietor
JEAN-LUC ROULIÈRE

Paris just the way we like it – that's what you'll find in this hallowed institution that falls somewhere between a big-hearted bistro and a rub-elbows-with-your-neighbors brasserie. It's true that smiling Jean-Luc Roulière has been around, and hob-nobbed with the best of them (chefs, that is!). He's renowned for choosing the very best ingredients money can buy, scrupulously selected for their quality and freshness at market each morning, preparing them the old-fashioned way (with consummate prowess), and serving them up in generous portions. In addition, the ever-friendly, jovial Jean-Luc will gladly provide the ambiance...unless, of course, you bring your own!

Lunch : Monday to Saturday - **Dinner** : Monday to Saturday

A LA CARTE : 175F (27 €)
Déjeuner : Lundi au Samedi - **Dîner** : Lundi au Samedi

Paris comme on l'aime, voilà ce que l'on trouve dans cette ancienne institution germano-pratine, entre bistrot au grand cœur et brasserie au coude-à-coude. Il est vrai que l'enjoué Jean-Luc Roulière a roulé sa bosse ici ou là, chez les meilleurs faiseurs de la place, et qu'il sait de quoi il retourne. Ce qu'il aime et ce qui se trame chez lui ? Le bon produit avant tout, déniché au meilleur du marché quotidien, dans sa fraîcheur. Et une cuisine qui vante l'art ménager avec aise, mettant beaucoup de générosité dans l'assiette. L'ambiance, l'ami Jean-Luc s'en charge, à moins que vous ne l'apportiez vous-même.

Chef
FRANCK MARCHAND

Director
CHRISTOPHE HIREL

AU GÉNÉRAL LA FAYETTE

52, RUE LA FAYETTE
75009 - PARIS
métro Cadet ou Le Peletier
TÉL : 01 47 70 59 08 • FAX : 01 45 92 88 49
Amex, Visa

 You'll marvel at this establishment's lovingly maintained turn-of-the-century décor, replete with wood-framed mirrors, lattice-work ceilings, wall sconces and a huge bar with a dozen different beers on tap. The thoroughly enticing atmosphere is rounded out on the food and beverage front by a selection of no less than 300 bottled beers from around the world, nicely chosen wines and a culinary repertoire of savory French basics – bacon omelets, steak tartare, choucroute and the like. An authentic taste of Paris, and a favorite among enlightened Guinness lovers.

Lunch : Monday to Sunday · **Dinner** : Monday to Sunday

A LA CARTE : 130F (20 €)
Déjeuner : Lundi au Dimanche · Dîner : Lundi au Dimanche

Un beau décor à l'ancienne pomponné de frais, dans l'esprit début de siècle, avec miroirs encadrés de bois, plafonds en lacets, appliques murales et grand bar avec sa douzaine de bières tirées à la pression, voilà déjà de quoi saliver dans ce lieu de vie où l'on vénère la dive mousse. Ajoutez-y un exceptionnel choix de 300 bières en bouteille, les belles étrangères qui débarquent d'ici ou d'ailleurs, les amateurs éclairés de Guinness ou de bons petits vins soigneusement choisis, quelques solides nourritures - entre omelette au lard, steak tartare et choucroute -, et vous avez là l'esprit de Paris en un heureux condensé.

Le Père Claude

51, AVENUE DE LA MOTTE-PICQUET
75015 - PARIS
métro La Motte-Picquet Grenelle
TÉL : 01 47 34 03 05 • FAX : 01 40 56 97 84
Amex, Visa

Chefs
CHRISTOPHE LOISELAY
PHILIPPE DANIEL

Proprietor
CLAUDE PERRAUDIN

This "establishment of brotherly love" is always good fun and great value. Vast and varied members of Claude Perraudin's circle of true-blue friends regularly gather round the bar or tables here to swap stories and solve the world's problems over glasses of top-notch wine and/or plates heaped with tasty offerings from the kitchen. Perraudin, a Troisgros-trained chef, could well have opened up a high class, high-priced restaurant, but friendly, down-home atmosphere is the kind he likes best. Try the delicious home-made terrines, herb-flecked frogs' legs meunière, or spit-roasted chicken or beef. A little bit of heaven on earth…at angelic prices!

Lunch : Monday to Sunday - *Dinner :* Monday to Sunday
MENU : Lunch 120F (17 €) (sauf samedi/dimanche et jours fériés) - Dinner 170F (24 €)

A LA CARTE : 300F (46 €)
Déjeuner : Lundi au Dimanche - *Dîner :* Lundi au Dimanche

Si vous aimez refaire le monde, raconter et entendre les dernières bonnes histoires en partageant fraternellement, à table ou au comptoir, de bons vins, avec les nombreux mais vrais copains de Claude Perraudin - , vous ne pourrez trouver mieux qu'ici. Mais n'oubliez pas pour autant de vous régaler de la belle et franche cuisine de cet ancien des Troisgros qui aurait très bien pu tenir un restaurant haut de gamme, cher et luxueux, mais préfère cent fois cette ambiance-là : formidables terrines maison, grenouilles meunière aux fines herbes, viandes et volailles à la broche rôties sous vos yeux. Le bonheur total et, qui plus est, à des prix d'une grande sagesse.

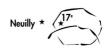

LE PETIT BOFINGER

12, AVENUE DE MADRID- 92100 - NEUILLY
TÉL : 01 47 45 79 73 • FAX : 01 40 88 39 67
18, AVENUE CHARLES DE GAULLE- 92100 - NEUILLY
TÉL : 01 47 22 37 25 • FAX : 01 46 24 95 35
43, AVENUE DES TERNES- 75017 - PARIS
TÉL : 01 43 80 19 28 • FAX : 01 40 55 06 88

Amex, Visa, Master Card

Chef
TONY RODRIGUE

Director
PHILIPPE SEBBAN

This authentic neighborhood brasserie serves simple, meticulously prepared fare based on the best ingredients money can buy. The dining room, serviced by a cheerful staff, is as stylish as can be. The wine offerings are numerous and eminently affordable, as are dishes such as bacon-specked leeks in vinaigrette dressing; warm, garlicky cod and puréed potato casserole; Mediterranean fish soup; duck pot-au-feu served with coarse salt, and Bourbon vanilla cream for dessert. This is Parisian cuisine at its best!

Lunch : Monday to Sunday - **Dinner** : Monday to Sunday
MENU : Lunch 95F (14,48€) - Dinner 145F (22,11€)

Déjeuner : Lundi au Dimanche - **Dîner** : Lundi au Dimanche

Véritable brasserie de quartier, La cuisine joue la carte de la simplicité, de la rigueur culinaire, apportant sur table d'impeccables produits cuisinés. Le décor est actuel, le service enjoué, les bons petits vins sont nombreux et les prix savent raison garder quand vous dégustez les poireaux à la vinaigrette au lard, la brandade de morue, la bourride, le pot-au-feu de canard au sel de Guérande et le pot de crème à la vanille Bourbon. Voilà une bonne part du Paris que le monde nous envie.

Au Petit Riche

25, rue Le Peletier
75009 - Paris
métro Richelieu-Drouot
TÉL : 01 47 70 68 68 • FAX : 01 48 24 10 79
Amex, Visa, Master Card, Diner's

Chef
MICHEL DOUCHE

Director
JACKY GALLMANN

Mistinguett partied in this 1880 décor replete with mirrors, wood paneling, copper bars and red banquettes. And there's no doubt she would have been a regular at the new, improved Petit Riche. The mostly Loire Valley cellar has a new sense of self-esteem, the professionalism of the welcome and service have been renewed, and the cuisine has paid a beneficial visit to the fountain of youth. The proof is in the pudding: rabbit "pâté" with wild thyme; cod steak with garlicky mayonnaise sauce; pickerel in buttery wine sauce; "Au Petit Riche" veal cutlet; duck with verjus sauce; delicate apple tart.

Lunch : Monday to Saturday · Dinner : Monday to Saturday
MENU : Lunch 165F (25€) - Dinner 140F (21€) - 180F (28€)

A LA CARTE : 200F (30€)
Déjeuner : Lundi au Samedi · Dîner : Lundi au Samedi

Mistinguett fit la fête dans ce décor daté 1880 de glaces, de lambris, de barres de cuivre et de banquettes rouges. Dans le nouveau Petit Riche, nul ne doute que l'actrice serait une fervente habituée. Il est vrai que la cave ligérienne (Val-de-Loire) est redevenue digne de ce nom, que l'accueil et le service sont désormais aussi professionnels qu'enjoués et que la cuisine a subi une bénéfique cure de rajeunissement. Pour preuve, la terrine de lapin au serpolet, le pavé de morue en aïoli, le sandre au beurre blanc, la côte de veau au "Petit Riche", le canard au verjus et la tarte fine aux pommes.

Proprietors
JACQUES CAGNA
ANNIE LOGEREAU

Director
DANIEL FOUCHER

LA RÔTISSERIE D'ARMAILLÉ

6, RUE D'ARMAILLÉ
75017 - PARIS
métro Charles De Gaulle-Etoile
TÉL : 01 42 27 19 20 • FAX : 01 40 55 00 93
Amex, Visa, Master Card, Diner's, JCB

Oak walls and plaid banquettes give this "rôtisserie" a charming "British club" feel. Its cozy ambiance goes hand in hand with highly attentive service and a genuinely friendly welcome. The cuisine is based on the freshest seasonal market finds, as prescribed by house owner (and master chef) Jacques Cagna. The ever-changing wine list plays up new discoveries, and boasts a very good selection of French bottles. Assembly rooms for 10 to 80 people.

Lunch : *Monday to Friday* · **Dinner** : *Monday to Saturday*
MENU : *Lunch* **165F (25 €)**

MENU-DÎNER : **230F (35 €)**
Déjeuner : *Lundi au Vendredi* · **Diner** : *Lundi au Samedi*

Les boiseries de chêne et les banquettes aux tissus écossais font de cette rôtisserie une sorte de club anglais à l'ambiance cosy, au service très attentionné et à l'accueil plein de gentillesse. La cuisine est faite au plus près du marché, saisonnière, avec des produits frais, comme les aime Jacques Cagna, le propriétaire de la maison. La carte des vins, qui évolue toujours au gré de ses nouvelles découvertes, offre une fort belle sélection des crus de notre pays. Pour vos réunions, il y a possibilité de recevoir 10 à 80 personnes.

La Rôtisserie d'en Face

2, RUE CHRISTINE
75006 - PARIS
métro Saint-Michel
TÉL : 01 43 26 40 98 • FAX : 01 43 54 22 71
Amex, Visa, Master Card, Diner's, JCB
email : rotisface@aol.fr

Chef-Proprietor
JACQUES CAGNA

Directors
CLAIRE ANGELETTI
OLIVIER TOURLET

For close to eight years now, this has been the place to tuck into the best farm-fresh spit-roasted chicken in Paris. The atmosphere is relaxed and informal, in line with the long-standing "rôtisserie" tradition. Appetizers include a delicate, ginger-flecked tartare of mackerel from Brittany and savory homemade duck foie gras. And to top off your meal, try the delicious caramel and nut ice cream cake, renowned owner-chef Jacques Cagna's favorite dessert (his restaurant's right across the street). A warm welcome and extremely competent service bring things full circle here.

Lunch : Monday to Friday - **Dinner** : Monday to Saturday
MENU : 159F (24 €) - 198F (30 €)

MENU-DÎNER : 230F (35 €)
Déjeuner : du Lundi au Vendredi - **Dîner** : du Lundi au Samedi

C'est là, que depuis 1992, l'un des meilleurs poulets fermiers rôtis à la broche de Paris se déguste dans une ambiance décontractée qui ressuscite la très ancienne tradition des rôtisseries. Faites précéder cette volaille d'un tartare de petits maquereaux bretons au gingembre ou d'un superbe foie gras de canard maison et terminez par un vacherin glacé au caramel et aux noix, le dessert préféré de Jacques Cagna, le propriétaire-cuisinier de renom dont le restaurant est situé juste en face. L'accueil et le service sont d'une gentillesse et d'une compétence à toute épreuve.

LA RÔTISSERIE MONSIGNY

1, RUE MONSIGNY
75002 - PARIS
métro Quatre-Septembre
TÉL : 01 42 96 16 61 • FAX : 01 42 97 40 97
Amex, Visa, Master Card, Diner's, JCB

Propietors	*Directors*
JACQUES CAGNA	VICTOR BRISBOIS
ANNIE LOGEREAU	JULIEN LOGEREAU

 Located across the street from the Bouffes Parisiens theater, site of Offenbach's triumphs in days of yore, this Jacques Cagna annex boasts spacious, elegant dining rooms, ideal for your business lunches, pre- or post-theater meals, and receptions (the private facilities here can accommodate anywhere from 15 to 150!). Cagna's cuisine is crafted from the finest ingredients, culled from the very best sources : delicate tartare of Brittany mackerel flavored with thyme and lemon grass and garnished with zucchini; pig's cheeks with carrots and melt-in-your-mouth potatoes; sinfully rich chocolate cake with vanilla ice cream for dessert. A pianist is on hand Fridays and Saturdays (and on request) for diners' listening pleasure.

Lunch : Monday to Friday · **Dinner** : Monday to Saturday
MENU : 195F (30 €)

Déjeuner : Lundi au Vendredi · **Dîner** : Lundi au samedi

 Face au théâtre des Bouffes Parisiens, là où Offenbach triomphait jadis, cette annexe de Jacques Cagna, avec ses salles à manger spacieuses et élégantes, est idéale pour un déjeuner d'affaires, un dîner d'avant ou d'après-spectacle, ou vos réceptions (salons privés de 15 à 150 personnes). Jacques Cagna y propose une cuisine puisée aux meilleures sources : tartare de petits maquereaux de Bretagne aux courgettes et thym-citronnelle, joues de cochon aux carottes et pommes fondantes avant un sublime moelleux au chocolat et glace vanille. Le vendredi et le samedi (ou sur votre demande), un pianiste assure l'ambiance musicale.

THOUMIEUX

79, RUE SAINT-DOMINIQUE
75007 - PARIS
métro Invalides
TÉL : 01 47 05 49 75 • FAX : 01 47 05 36 96
Amex, Visa, Master Card

Chef
CHRISTIAN BEGUET

Proprietors
FRANÇOISE & JEAN
BASSALERT

This venerable house with a marked Southwestern accent has been popular for time immemorial. It's a brasserie in the 19th century "bouillon" vein offering wonderful homestyle fare. And even though the wild mushroom omelet, trout with almonds, preserved duck, cassoulet, blood sausage with chestnuts and flognarde de Teignac (moist apple cake à la mode with raspberry sauce) don't date from 1880, they still constitute a thoroughly tasty trip down memory lane. The transplanted Corrèze natives who run Thoumieux dish up hearty helpings of good humor, too!

Lunch : Monday to Sunday · **Dinner** : Monday to Sunday
MENU : 160F (24 €)

A LA CARTE : 180F (27 €)
Déjeuner : Lundi au Dimanche · *Dîner* : Lundi au Dimanche

Indétrônable maison connue depuis des lustres, son enseigne a des résonances Sud-Ouest marquées. Cette brasserie à la manière des bouillons historiques du siècle dernier est championne dans l'art d'accomoder les plats ménagers. Si l'omelette aux cèpes, la truite aux amandes, le confit de canard, le cassoulet, le boudin aux châtaignes et la flognarde de Teignac ne datent évidemment pas de 1880, ce sont des assiettes pleines de nostalgie gourmande. Fief des Corréziens de Paris, Thoumieux offre chaque jour une brassée de bonne humeur.

BRASSERIES
250 F and less
(Price without wine, tip and tax included)

MAGIQUE LIDO

© PANAME – Sarcouf Prod - Illustratrice : J. DANG

L'ALSACE

39, AVENUE DES CHAMPS-ELYSÉES
75008 - PARIS
métro Franklin-Roosevelt
TÉL : 01 53 93 97 00 • FAX : 01 53 93 97 09
Amex, Visa, Master Card, Diner's
http://www.restaurantalsace.com

Chefs
PHILIPPE BAILLERGRANT
CARLO SPAGNOLO

Director
PIERRE DARIDAN

This Parisian institution located along the Champs-Elysées is well worth a visit. It's the capital city's embassy for Alsatian cuisine, and it's open a convenient 24/7 (including holidays!). The tromp-l'oeil décor boasts intricately carved mirrors and inlaid woods. The ambiance is as warm as can be, with a prettily costumed wait staff serving forth dishes from the region, and French classics besides: raw shellfish; first-rate coldcuts; a variety of sauerkraut platters; baeckeoffe and a range of scrumptious desserts. A thoroughly enjoyable dining experience, on the most beautiful avenue in the world! The adjoining boutique sells various and sundry Alsatian goodies...

Open : Night and day -every day
FORMULE DINER/SPECTACLE : 360F (55 €)

MENU PRIVILEGE : 178F (27 €) - A LA CARTE : 240F (37 €)
Ouvert : Jour et nuit - tous les jours

A fleur des Champs-Elysées, une adresse emblématique de Paris qui mérite la halte. Cette ambassade gourmande de l'Alsace en la capitale assure un service non-stop 24 heures sur 24, et ce chaque jour de l'année. Le décor en trompe-l'oeil, les glaces et marqueteries ouvragées, l'ambiance chaleureuse et le service en costume local bien prompt, voilà de quoi honorer les plats du terroir alsacien et les autres : coquillages, crustacés et fruits de mer, cochonnailles du cru, choucroutes variées, baeckeoffe et desserts très soignés. Une halte ludique sur l'avenue la plus célèbre du monde. Boutique de produits régionaux.

Chef
PASCAL BERTHOU

Director
PATRICK COEFFIER

L'ARBUCI

25, RUE DE BUCI
75006 - PARIS
métro Mabillon
TÉL : 01 44 32 16 00 • FAX : 01 44 32 16 09
Amex, Visa, Master Card
http://www.arbuci.com

A convivial left bank style atmosphere, the fun brasserie decor, past memories of nights in Saint Germain des Prés are all good reasons for coming to this place at the lively heart of the city. Add to this fine modern cuisine with a superb range of spit roasts and selection of charcoal grilled meat, or shellfish and fish flash-cooked on a hot metal plate, all washed down with good regional wines, and a visit here becomes a must. Old left bank devotees will also enjoy the marvellous "swing" music trios, who play from Wednesdays to Saturdays.

Open : *Everyday till dawn*
FORMULE DINER/SPECTACLE : 360F (55€)

FORMULES HUÎTRES + BROCHE : 139F (21€) - A LA CARTE : 200F (30€)
Ouvert : *Tous les jours jusqu'à l'aube*

L'atmosphère conviviale à la mode de la Rive Gauche, le décor ludique de brasserie, la nostalgie entretenue des nuits de Saint-Germain-des-Prés, voilà déjà de bonnes raisons de venir ici, au cœur de la ville qui bouge. Si l'on ajoute une cuisine bien dans l'air du temps avec le superbe banc de broches et l'assortiment de viandes cuites sur la braise, ou les crustacés et les poissons saisis "à la plancha", le tout à irriguer de bons vins régionaux, ne pas venir découvrir l'endroit est inexcusable. Les nostalgiques du quartier ajouteront également à leur plaisir le "swing" des merveilleux trios qui se donnent en concert, du mercredi au samedi.

Le Ballon des Ternes

103, AVENUE DES TERNES
75017 - PARIS
métro Porte Maillot
TÉL : 01 45 74 17 98 • FAX : 01 45 72 18 84
Amex, Visa, Master Card, JCB

Chef
JEAN-FRANÇOIS ROY

Directors
LAURENT BADIN
PIERRE LEMOINE

This pretty turn-of-the-century brasserie has a light-hearted gay 90's feel about it what with its small lamps, red banquettes, glass-covered ceiling and rare Champenois furniture. The setting is just right for tucking into superb seafood; shellfish; squid and jumbo crab ravioli in a buttery au jus sauce; sliced duck breast with shallot marmalade and vanilla millefeuille. Le Ballon des Ternes pays tribute to the glory of the French brasserie on a daily basis – and as an added attraction, it's open late (till 4 pm) for lunch.

Lunch : Monday to Sunday · Dinner : Monday to Sunday
MENU : 300F (46 €)

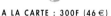

A LA CARTE : 300F (46 €)
Déjeuner : Lundi au Dimanche · Dîner : Lundi au Dimanche

Une belle brasserie début de siècle qui possède un air de Maxim's ludique, avec ses petites lampes et ses banquettes rouges, son plafond fixé sous-verre et ses rares meubles champenois. Le décor ainsi planté, il ne reste plus qu'à déguster - jusqu'à 16 heures au déjeuner - les superbes coquillages, crustacés et fruits de mer, le ravioli de calamar et tourteau au jus beurré, le magret de canard à la marmelade d'échalotes et le millefeuille à la vanille. Tout ce qui est proposé ici, chaque jour, sert avec un talent sans faille la gloire de la brasserie française.

Chef
PIERRE SAUVET

Director
DANIEL GABILLAUD

LE BALZAR

49, RUE DES ECOLES
75005 - PARIS
métro Cluny La Sorbonne ou Odéon
TÉL : 01 43 54 13 67 • FAX : 01 44 07 14 91
Amex, Master Card

New owner Jean-Paul Bucher of the Flo Group has no intention of changing a thing about this symbolic brasserie. Its classic 30's décor plays host to a crowd of regulars from the nearby Sorbonne who sit side by side with cinema folk and low-profile intellectuals to savor eternal favorites. Baltic herring, buttery skate, roast leg of lamb with beans, calf's liver à l'anglaise and steak with peppercorn sauce, polished off with a mille-feuille or rum baba. The warm atmosphere is both timeless, and absolutely priceless.

Lunch : Monday to Sunday · *Dinner* : Monday to Sunday

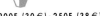

A LA CARTE : 200F (30 €) - 250F (38 €)
Déjeuner : Lundi au Dimanche · *Dîner* : Lundi au Dimanche

Une emblématique brasserie dont Jean-Paul Bucher - le groupe Flo, le propriétaire - n'a nullement l'intention de changer la vocation. Dans un décor années 30, le public d'habitués de la Sorbonne, du cinéma et des intellectuels discrets se régale toujours des harengs Baltique, de la raie au beurre fondu, du gigot rôti aux haricots, du foie de veau à l'anglaise, du steak au poivre et autres millefeuille et baba au rhum. L'ambiance feutrée reste la marque d'un endroit hors du temps.

Le Bœuf sur le Toit

34, RUE DU COLISÉE
75008 - PARIS
métro Saint-Philippe-du-Roule
TÉL : 01 53 93 65 55 • FAX : 01 53 96 02 32
Amex, Visa, Master Card

Chef
PHILIPPE DUBREUIL

Director
JÉRÔME DELEBARRE

Jean Cocteau and the Group of Five, composers of the "Bœuf sur le Toit" pantomime ballet - symbol of the Roaring Twenties in France - gave this name to an American bar first located on the rue Boissy d'Anglas. In 1928 the name was transferred to a restaurant on the rue du Colisée, decorated in Art Deco style pushed to the extreme. The Flo Group's Jean-Paul Bucher moved to save the establishment from falling into obscurity in 1985, and restored all its former luster. It's an irreplaceable monument to its era. Sample tempting raw seafood platters, wonderful fish and famous crêpes Suzette; all at unbeatable prices.

Lunch : *Monday to Sunday* - **Dinner** : *Monday to Sunday*
MENU DU GARÇON : 138F (21€) *à midi* **Sauf Dimanches et fêtes**
MENU BRASSERIE : 189F (29€) *midi et soir*
Faim de nuit : **138F (21€)** *après 22h*

A LA CARTE : 180F (27€) - 250F (38€)
Déjeuner : Lundi au Dimanche - **Dîner** *: Lundi au Dimanche*

Chaque jour que Dieu fait, ce "Bœuf" fait tourner les tables jusqu'à une heure avancée de la nuit. Vous patienterez au bar pour découvrir l'admirable décor façon années trente et prendre vos marques sur une carte qui vante avec art un large choix. Le banc de fruits de mer, avec huîtres, coquillages et crustacés d'une incomparable fraîcheur, le melon au porto, le foie gras, le cœur de filet de bœuf, les crêpes flambées et les vins de qualité, permettent, parmi d'autres choses, au meilleur monde de faire la fête ici dans la bonne humeur.

Chef
PATRICE MACCREZ

Director
JEAN-LUC BLANLOT

BOFINGER

5-7, RUE DE LA BASTILLE
75004 - PARIS
métro Bastille
TÉL : 01 42 72 87 82 • FAX : 01 42 72 97 68
Amex, Visa, Master Card

Without a doubt, this is one of Paris' prettiest turn-of-the-century restaurants, not far from la Bastille. An elliptical glass ceiling, stained glass windows and warm, wood-paneled walls set the tone in the main dining room flanked by smaller side rooms with a more private, cozy feel about them. Wonderful oysters, choucroute, and a variety of simple, good fare are on the menu. It's no wonder people flock here! Moreover, the restaurant is conveniently located near the Bastille Opera in a lively, young area.

Lunch : Monday to Sunday - Dinner : Monday to Sunday
MENU : 119F (18€) *à midi, du Lundi au Vendredi*
189F (29€) *midi et soir*

A LA CARTE : 200F (30€) - 250F (38€)
Déjeuner : Lundi au Dimanche - Dîner : Lundi au Dimanche

Un monument parisien historique et classé qui est daté du siècle dernier. Ses fresques, banquettes de moleskine, boiseries d'origine, marqueteries signées Panzani, les tableaux de Hansi au premier étage et la magnifique verrière a giorno du rez-de-chaussée livrent toujours une atmosphère unique et gaie. Les plats de brasserie pur jus - huîtres et coquillages, pied de porc pané, choucroute - comme ceux plus modernes - marbré de raie aux aromates, duo de bar et saumon au sel de Guérande - sont de bons atouts. Les vins d'Alsace d'origine choisie, la bière toujours bien tirée et le service précis font beaucoup, en sus, pour le succès de la maison.

BRASSERIE FLO

7, COUR DES PETITES-ECURIES
63, RUE DU FBG SAINT-DENIS
75010 - PARIS
métro Château-d'Eau
TÉL : 01 47 70 13 59 • FAX : 01 42 47 00 80
Amex, Visa, Master Card

Chef
PATRICK PROENCA

Director
GÉRALD COLLET

Located on a small courtyard off the rue du faubourg Saint-Denis, this tavern, dubbed "Hans" around the turn of the century, rose to fame after World War I under the nickname of its owner, an Alsatian named Floderer who objected to the 1870 annexation. The brasserie has been thriving ever since, serving top-notch shellfish and seafood ; goose foie gras with Riesling aspic ; sole meunière ; sauerkraut platters ; profiteroles for dessert and expertly chosen wines. An absolute "must" among the many memorable dining experiences Paris holds in store.

Lunch : *Monday to Sunday* · **Dinner** : *Monday to Sunday*
MENU GARÇON : 138F (21€) *Sauf Dimanches et fêtes*
MENU BRASSERIE : 179F (28€) *à midi* **–189F (29€)** *le soir*
Faim de nuit : **138F (21€)** *après 22h30*

A LA CARTE : 200F (30€) - 250F (38€)
Déjeuner : Lundi au Dimanche · Dîner : Lundi au Dimanche

Située dans une petite cour donnant sur la rue du faubourg Saint-Denis, cette taverne, connue au début du siècle sous le nom de Hans, est devenue célèbre après la première guerre mondiale, portant le diminutif du nom de son propriétaire, un certain Floderer, Alsacien ayant refusé l'annexion de 1870. Elle devait connaître un succès jamais démenti et offre toujours la même qualité autour de fruits de mer et coquillages, foie gras d'oie à la gelée au riesling, sole meunière, choucroute, profiteroles et vins bien choisis. Un lieu de mémoire où il faut aller absolument.

Chef
GEORGES BELONDRADE

Proprietors
GEORGES & MARIE-LOUISE
ALEXANDRE

BRASSERIE GALLOPIN

40, RUE NOTRE-DAME-DES-VICTOIRES
75002 - PARIS
métro Bourse
TÉL : 01 42 36 45 38 • FAX : 01 42 36 10 32
Amex, Visa, Master Card, Diner's

This brasserie dating from 1876 is located across from the stock exchange, and recently underwent an elegant facelift. The woodwork, Victorian-style bar and brilliantly lit glass roof of the former "stock exchange luncheon" have happily regained their yesteryear luster. The cuisine too has taken on renewed polish - in the form of old-fashioned standards made with the very best ingredients and served by a brigade of waiters. The oyster and seafood bar, snails, sole meunière, breaded pig's trotters, fillet of beef with green beans and rum baba soaked in aged spirits are daily favorites with the many regulars.

Lunch : Monday to Saturday · **Dinner** : Monday to Saturday
MENU : 156F (24 €)

A LA CARTE : 200F (30 €)
Déjeuner : Lundi au Samedi · Dîner : Lundi au Samedi

Datée 1876, cette brasserie fait face à la Bourse. Elle a subi un élégant aggiornamento. Les boiseries et le bar de style victorien et la verrière a giorno de l'ancien "Stock exchange luncheon" retrouvent avec bonheur leur lustre d'antan. La cuisine aussi, faite avec les meilleurs produits, est servie par une brigade très professionnelle. Le banc d'huîtres et de fruits de mer, les escargots, la sole meunière, le pied de porc pané, le filet de bœuf aux haricots verts et le baba au vieux rhum sont de ces plats dont les habitués font leur quotidien.

BRASSERIE LORRAINE

2, PLACE DES TERNES
75008 - PARIS
métro Ternes
TÉL : 01 56 21 22 00 • FAX : 01 56 21 22 09
Amex, Visa, Master card, Diner's
http://www.brasserielalorraine.com

Chef
JEAN-RAYMOND LEPÂTRE

Directeur
PHILIPPE BULLY

This eternally chic, large-scale brasserie in the Ternes neighborhood offers fair-weather terrace dining and a nicely nostalgic '50s feel on the inside (blond wood, red banquettes, handsome lighting fixtures). Its cuisine recently took a more market-based turn, and has risen to new heights as a result (though it still satisfies even the heartiest of appetites!). The amazing raw bar (take-out service available) stretches as far as the eye can see, and main courses consist of generous servings of delicious, time-honored fare. There's no better place for a celebration...and the brasserie's city-center location couldn't be more convenient!

Lunch : Monday to Sunday - **Dinner** : Monday to Sunday
FORMULE DINER/SPECTACLE : 360F (55€)

A LA CARTE : 280F to 330F (43 to 50€)
Ouvert tous les jours de 12h à 1h du matin

Cette grande brasserie chic du quartier des Ternes, avec belle terrasse pour les beaux jours, - une des institutions du Paris gourmand - renaît avec bonheur. Si rien n'a bougé côté décor - il conserve son délicieux cadre rétro années cinquante, avec boiseries claires, banquettes rouges et jolis luminaires -, la cuisine a pris de la hauteur, offrant le meilleur du marché, avec un formidable et vaste banc de coquillages, crustacés et fruits de mer que l'on peut également emporter et de bons plats du classicisme gourmand. Un endroit idéal, au cœur de la ville, pour passer un moment de fête.

Chef
FRANÇOIS RODOLPHE

Maître d'
DANIEL FAUVEL

CAFÉ DE LA PAIX

12, BOULEVARD DES CAPUCINES
75009 - PARIS
métro Opéra
TÉL : 01 40 07 30 20 • FAX : 01 42 66 12 51
Amex, Visa, Master Card, Diner's

 This historic and chic brasserie, with a ceiling designed by Garnier, the architect of the Paris Opera house, is full everyday. On the very popular terrace, in the comfortable dining room the busy service goes on until late in the evening. Enjoy cuisine supervised by François Rodolphe in the adjoining "Opéra" restaurant: a fine spread of shellfish, seafood and oysters, timeless classics (Steak Tartare, Sole Meunière) and very welcome desserts, and wash it all down with carefully chosen wines. This is Paris, quiet and refined, the way we all love it.

Lunch and Dinner : Everyday
MENU LUNCH : 138F and 178F (21€ and27€)

A LA CARTE : 250F (38€)
Déjeuner - Dîner : Tous les jours

Une brasserie historique et chic - au plafond griffé par Charles Garnier, l'architecte de l'Opéra - qui fait le plein chaque jour. A la terrasse très courue, dans la salle à manger confortable, le ballet du service se fait en continu jusque tard le soir. Pour déguster une cuisine supervisée par François Rodolphe, du restaurant voisin "Opéra" : un joli banc de coquillages, fruits de mer et huîtres, des classiques de toujours (steak tartare, sole meunière) et des desserts toujours bienvenus. Le tout à irriguer de vins choisis avec art. Voilà Paris, dans une ambiance sereine, comme on l'aime.

Le Cap Vernet

82, AVENUE MARCEAU
75008 - PARIS
métro Charles-de-Gaulle-Etoile
TÉL : 01 47 20 20 40 • FAX : 01 47 20 95 36
Amex, Visa, Master Card, JCB

Chef
STÉPHANE PERRAUD

Director
STÉPHANE MARCUZZI

This ship-shape brasserie has new wind in its sails since Guy Savoy took it over! Settle into a dining room worthy of a luxury cruise ship and sample various "vintages" of oysters from Normandy, Cancale and Marennes-Oléron. Then opt for a seafaring main dish like preserved tomatoes, pan-roasted hake, melt-in-your-mouth carrots and new onions with lemongrass jus; cod with herbs or roasted bass seasoned with thyme. Offerings for land-lubbers include veal kidneys and preserved shoulder of lamb. Everything bears Guy Savoy's distinctive imprint, and the service is efficient and discreet.

Lunch : *Monday to Sunday* - **Dinner** : *Monday to Sunday*

A LA CARTE : 190F (29 €)
Déjeuner : *Lundi au Dimanche* - **Dîner** : *Lundi au Dimanche*

Dans un décor d'intérieur de bateau, la cuisine proposée par Guy Savoy et son équipe jouent la carte marine sans oublier de proposer quelques plats terriens. Sur les nappes à la manière basque - blanche et bleu - de cette brasserie chic, ce ne sont que les meilleurs fruits de mer, coquillages et crustacés, et les poissons qui semblent sortir de l'onde qui sont servis chaque jour aux amateurs : tomates confites, effeuillée de raie poêlée, carottes fondantes et oignons nouveaux, jus à la citronnelle, morue aux herbes et bar rôti au thym. Pour les autres, le rognon de veau et l'épaule d'agneau confite complètent la panoplie gourmande.

Chef
PHILIPPE LÉGLISE

Director
JEAN-CHRISTOPHE TRUBERT

CHEZ FRANÇOISE

AÉROGARE DES INVALIDES
75007 - PARIS
métro Invalides
TÉL : 01 47 05 49 03 • FAX : 01 45 51 96 20
Visa, Master Card, JCB, Amex, Diner's
htpp://www.chezfrancoise.com - email -mousset.pascal@wanadoo.fr

This is a real godsend to those about to leave for Roissy-Charles-de-Gaulle or Orly from the Invalides air station, or returning to it, the ideal restaurant for a first taste of timeless French cooking. This long established restaurant, now run by Pascal Mousset, a friendly native of the Aveyron, is also much frequented by members of the National Assembly and the ministry of Foreign Affairs for its traditional cuisine: Roast Langoustines and Guacamole, Rack of Lamb and its juices, whole Veal Kidneys and sliced Potatoes baked with cream, creamy Chocolate cake. Real charm and lively service add to the pleasure.

Lunch : Monday to Sunday - **Dinner** : Monday to Sunday
MENU : Lunch 155F (24€) - 179F (28€) - Dinner 120F (18€) - 179F (27€)

A LA CARTE : 300F (46€)
Déjeuner : Lundi au Dimanche - **Dîner** *: Lundi au Dimanche*

C'est l'aubaine de ceux qui partent de l'aérogare des Invalides pour Roissy-Charles-De-Gaulle ou Orly, ou quand on arrive de ces derniers, le restaurant idéal pour un premier contact avec la cuisine française de toujours. Cette maison à la réputation déjà ancienne, aujourd'hui tenue avec art par un sympathique Aveyronnais, Pascal Mousset, est également très prisée des membres de l'Assemblée Nationale et du ministère des Affaires Etrangères pour sa cuisine de tradition : langoustines rôties au guacamole, carré d'agneau rôti et son fin jus, rognon de veau entier et gratin dauphinois, moelleux au chocolat. Un charme certain et un service enlevé complètent le plaisir.

CHEZ JENNY

39, BOULEVARD DU TEMPLE
75003 - PARIS
métro République
TÉL : 01 44 54 39 00 • FAX : 01 44 54 39 09
Amex, Visa, Master Card, Diner's
http://www.chezjenny.com

Chef
FRÉDÉRIC FREY

Director
MARC DE SAINT-PIERRE

A magnificent brasserie near the place de la République with a fanciful wood-panel tile décor and plenty of festive atmosphere. A visit here offers conclusive proof of Parisians' fondness for "the brasserie experience": choucroute and heaping helpings of hearty Alsatian fare, savored with friends or family in pleasant surroundings, and served by an attentive, courteous staff. The seemingly endless variety of sauerkraut dishes can be paired with cold, foamy beer or Trimbach (Alsace's best!) wines. A celebrated Alsatian artist named Spindler decorated the upstairs dining room.

Lunch : Monday to Sunday · Dinner : Monday to Sunday
MENU : 149F (23 €) - 179F (23 €)

A LA CARTE : 200F (30 €)
Déjeuner : Lundi au Dimanche · Dîner : Lundi au Dimanche

Ce temple de l'Alsace à Paris est un hommage de la capitale à la belle province. Les marqueteries de Spindler, les fresques du cru, les banquettes rouges, le service en costume et les plats de toujours, presskopf, cervelas, pied de porc grillé, choucroute, baeckeofe, coq au riesling, kougelphopf glacé, comme la fraîche bière Meteor ou les vins locaux de qualité, constituent un bel ensemble. D'où un endroit régionaliste incontournable qui sert à toute heure, et une ambiance dépaysante et gaie qui méritent le détour.

La Coupole

Chef
Paul Delbart

Director
Pascal Noizet

102, boulevard du Montparnasse
75014 - Paris
métro Vavin
TÉL : 01 43 20 14 20 • FAX : 01 43 35 46 14
Amex, Visa, Master Card, JCB

This is a "must" for those yearning to experience the romantic, "devil may care" Paris of the Roaring 20s with its endless stream of painters, artists and writers. Everyone from Lenin to Picasso frequented La Coupole back then. It was painstakingly renovated a few years ago; the seats now have more spring to them and the "modern" murals on the world-renowned pillars are cleaner and brighter. Admire the gorgeous bouquets of flowers and pretty women gracing the vast dining room as you enjoy a wonderful breakfast, five o'clock tea or late supper. Honest fare, served flawlessly and professionally. Wonderful seafood platters, a great bar, and a lively dance hall upstairs!

Lunch : Monday to Sunday - **Dinner** : Monday to Sunday
MENU COUPOLE EXPRESS : 102F (16€) *Sauf Dimanches et fêtes*
MENU GARÇON : 138F (21€) *à midi sauf Dimanches et fêtes*
QUATRE SAISONS : 189 F(29€) *à midi -* **189F (29€)** *le soir*
Faim de nuit : **138F (21€)** *après 22h30*

A LA CARTE : 180F (27€) - 250F (38€)
Déjeuner : Lundi au Dimanche - **Dîner** *: Lundi au Dimanche*

Cette brasserie s'inscrit dans l'histoire de Montparnasse. Du petit déjeuner au five o'clock tea et jusque tard dans la nuit pour le souper, elle résonne d'une nostalgie jamais éteinte. La mémoire du temps rappelle le souvenir des écrivains et peintres qui, de Aragon à Picasso, en furent les habitués. Rénovée, avec sa décoration originelle – les 33 peintures des encorbellements des 33 piliers et pilastres de la salle –, elle continue d'attirer un public décontracté parmi lequel les jolies femmes sont légion. La cuisine de brasserie est sans faille, le service enjoué et l'ambiance charmeuse avec dancing.

DELAS FRERES

Maison fondée en 1835

Grands Vins de la Vallée du Rhône

DELAS FRERES BP N° 4 SAINT-DE-MUZOLS 07300 TOURNON-SUR-RHÔNE
TÉL. : 04 75 08 60 30 FAX: 04 75 08 53 67

Chef
OLIVIER DENIS

Director
PHILIPPE QUINARD

LE FLANDRIN

80, AVENUE HENRI-MARTIN
75116 - PARIS
métro Pompe
TÉL : 01 45 04 34 69 • FAX : 01 45 04 67 41
Amex, Visa

This thriving establishment housed in a former beltway train station boasts magnificent arch-in-circle architecture and a handsome art deco décor. Its ultra-fresh raw bar and Olivier Denis's market-inspired cuisine have made it a fast favorite with everyone who's anyone in the tony 16th arrondissement...and well beyond! Marvel at this former Alain Passard chef's fricassee of squid, tuna drizzled with olive oil, pot-au-feu and apple tart, and quench your thirst with a little something from the intelligently compiled wine list. The height of Parisian chic!

Lunch : Monday to Sunday - **Dinner** : Monday to Sunday

A LA CARTE : 250F (38 €)
*Déjeuner : Lundi au Dimanche - **Dîner** : Lundi au Dimanche*

Devant les frondaisons, cet ancien buffet d'une gare du chemin de fer de la petite ceinture fait florès chaque jour que Dieu fait. Dans la salle en arc-de-cercle dans le style Art-déco, le tout-16e - et bien au-delà - vient en rangs serrés pour tâter d'un frais banc de fruits de mer et coquillages, et de la cuisine au plus près du marché de Olivier Denis, un ancien de chez Alain Passard : fricassée de calamars, thon à l'huile d'olive, pot-au-feu et tarte aux pommes. De bons vins de soif viennent intelligemment irriguer le tout. Une brasserie chic à fréquenter d'urgence.

LE GRAND CAFÉ

4, BOULEVARD DES CAPUCINES
75009 - PARIS
métro Opéra
TÉL : 01 43 12 19 00 • FAX : 01 43 12 19 09
Amex, Visa, Master Card, Diner's
http://www.legrandcafé.com

Chef
CHRISTIAN LINAY

Director
MARC DURNERIN

Offenbach would have felt right at home in this brasserie near the Opera brimming with the "grands boulevards" atmosphere reminiscent of days gone by. An oyster bar and fish tank keep seafood on the menu year round. The shellfish appetizers are marvelous, and occasionally there's a main course offering based on a world-famous chef's recipe. More often than not, good healthy brasserie fare - running the gamut from fish to fowl - is the order of the day. The courteous staff stands ready to welcome you all day...or night!

Open : *Daily, 24 hours*
FORMULE DINER/SPECTACLE : 360F (55 €)

MENU : 178F (27 €) - A LA CARTE : 240F (37 €)
Ouvert : *Jour et nuit*

Un décor façon Art-Nouveau qui plait à un public très cosmopolite, un accueil et un service d'un professionnalisme courtois, une cuisine qui, pour être de brasserie, navigue avec aise sur un registre plus large, toujours faite avec de beaux produits. Voilà, c'est Le Grand Café qui redonne vie, 24 h sur 24, à ce quartier de l'Opéra. Banc de fruits de mer et crustacés, filet de sandre rôti en croûte d'herbes, côte de veau poêlée feuilleté du potager et sorbet au marc de champagne notamment assurent le succès de cet endroit très parisien.

Chef
GEORGES GUINOT

Director
RENAUD MARIE

JULIEN

16, RUE DU FAUBOURG SAINT-DENIS
75010 - PARIS
métro Strasbourg - Saint-Denis
TÉL : 01 47 70 12 06 • FAX : 01 42 47 00 65
Amex, Visa, Master Card

The current décor in this 1800s establishment dates back to the turn of the century, an era when restaurant owners were also patrons of the arts. Louis Majorelle crafted the bar from Cuban mahogany, and some of the Art Nouveau movement's most prominent decorators attended to sprucing up the rest of the restaurant, which was little more than a simple neighborhood eatery at the time. Julien carries on the grand tradition of Parisian brasseries, serving everything from Breton seafood stew to copious cassoulet... to the pleasure of theatergoers from the nearby boulevard.

Lunch : Monday to Sunday · Dinner : Monday to Sunday
MENU GARÇON : 138F (21€) Sauf Dimanches et fêtes
MENU BRASSERIE : 179F (27€) à midi – 189F (29€) le soir
Faim de nuit : 138F (21€) après 22h30

A LA CARTE : 200F (30€) - 250F (38€)
Déjeuner : Lundi au Dimanche · Dîner : Lundi au Dimanche

Cet établissement, créé au siècle dernier, date d'une époque où les restaurateurs savaient aussi être des mécènes. C'est à Louis Majorelle qu'avait été confiée la réalisation du bar en acajou de Cuba, et aux meilleurs spécialistes de l'Art Nouveau la décoration de ce qui n'était à l'origine qu'un «bouillon». Julien maintient la grande tradition de la brasserie parisienne – de la marmite bretonne au copieux cassoulet – pour le plus grand plaisir des spectateurs des théâtres du boulevard, tout proche.

Le Luxembourg

58, BOULEVARD SAINT-MICHEL
75006 - PARIS
métro Cluny La Sorbonne
TÉL : 01 43 54 20 03 • FAX : 01 43 26 17 35
Amex, Visa, Master Card, Diner's
http://www.brasserie-luxembourg.com

Chef
PHILIPPE POISIER

General Manager
LOUIS HIBERT

Facing the Luxembourg Gardens — Paris's "Central Park"— just down the road from the Panthéon and near to the Senate, Le Luxembourg bears witness to the many facets of Parisian life. In the inimitable Baltard style, this air-conditioned brasserie and its magnificent sunny terrace await you seven days a week, from early in the morning to very late at night. It's a feast for the eyes as well as the palate. In addition to traditional brasserie fare, the chef goes out of his way to offer a choice of produce in season and to devise a brand new menu every four months. The atmosphere is typical of the Luxembourg area, and attracts students, senators, journalists, businessmen and tourists who all mingle good-naturedly.

Lunch : *Monday to Sunday* - **Dinner** : *Monday to Sunday*
MENU : **Lunch 148F** (23 €) - **Dinner 148F** (23 €)

A LA CARTE : 170F (26 €)
Déjeuner : Lundi au Dimanche - *Dîner : Lundi au Dimanche*

Faisant face au Central Parc de Paris, le jardin du Luxembourg ; au bas du Panthéon, près du Sénat, Le Luxembourg est le témoin muet de bon nombre d'évènements parisiens. De style Baltard, la brasserie climatisée et sa superbe terrasse ensoleillée vous accueille 7 jours sur 7, du petit matin jusqu'à très tard dans la nuit. Au plaisir des yeux, ajouter celui du palais. Outre les classiques proposés dans les brasseries, le chef s'attache à travailler les produits "en" et "de" saison et revoit complètement la carte tous les 4 mois. L'ambiance est typiquement Luxembourg, les étudiants, sénateurs, journalistes, patrons et touristes s'y côtoient dans la bonne humeur.

Chef
FRÉDÉRIC RUBY

Director
GILBERT LETELLIER

LE PETIT ZINC

11, RUE SAINT-BENOIT
75006 - PARIS
métro Saint-Germain des Prés
TÉL : 01 42 86 61 00 • FAX : 01 42 86 61 09
www.petitzinc.com

Happily, this fabled institution hasn't changed a hair over the past 25 years. The comfy-chic, burnished, turn-of-the-century dining room plays host to a colorful, unfailingly friendly, elbow-to-elbow crowd, here to enjoy the "intelligent brasserie"-style fare on offer: platters of top-notch raw oysters and the like; marinated salmon; sole meunière; lamb from the Limousin region; fillet of Salers beef fillet garnished with marrow; sweet rum-soaked pineapple slices for dessert. And the non-stop service from noon till 2 in the morning means you're welcome here virtually anytime!

Lunch : *Monday to Sunday* - **Dinner** : *Monday to Sunday*
MENU : Lunch 148F (23€) - Dinner 188F (29€)
FORMULE DÎNER/SPECTACLE : 360 F (55€)

Déjeuner : *Lundi au Dimanche* - **Dîner** : *Lundi au Dimanche*

Une ancienne institution germano-pratine sur laquelle le temps - depuis plus de 25 ans - n'a pas de prise. Dans ce décor chic, patiné, à la mode du début de siècle, où l'on a le confort de ses aises, l'ambiance continue d'être haute en couleurs, un peu au coude-à-coude, toujours conviviale. La cuisine est de brasserie intelligente, avec coquillages, crustacés et fruits de mer puisés aux bonnes sources, saumon mariné, sole meunière, agneau du Limousin, filet de bœuf de Salers à la moelle et ananas confit au rhum. Le service continu, de midi à 2 heures du matin permet de venir se nourrir à toute heure.

AU PIED DE COCHON

6, RUE COQUILLIÈRE
75001 - PARIS
métro Les Halles
TÉL : 01 40 13 77 00 • FAX : 01 40 13 77 09
Amex, Visa, Master Card, Diner's
http://www.pieddecochon.com

Chef
GÉRARD DELAUNAY

Director
ERIC VIGOUREUX

This renowned establishment, located in the "belly" of Paris, was born on December 6, 1946, and its stoves have been operating non-stop, 24/7, since. Parisians, out-of-towners and globetrotters alike flock here for the whimsical décor (paneled walls, prettily painted ceilings) and the cuisine, which captures all the nostalgia of the now-defunct Halles (the wholesale food market the area is named for). Enjoy raw shellfish; French onion soup; all manner of pork (Saint Anthony's temptation; pig's trotters served with béarnaise sauce), and prime cuts of beef. A timeless Parisian classic in a world of passing fads and fancies.

Open : Night and day · *every day*
FORMULE DINER/SPECTACLE : 360F (55 €)

A LA CARTE : 260F (40€)
Ouvert : Jour et nuit · tous les jours

Depuis le 6 décembre 1946, alors que naissait le « Pied de Cochon », les fourneaux de cette institutionnelle brasserie du ventre de Paris ne se sont pas éteints : on y sert en effet 24 h sur 24. Et c'est dans un décor ludique de panneaux et plafonds joliment peints que le public de la vie parisienne, la province à Paris comme les voyageurs du monde entier viennent s'attabler pour une cuisine qui entretient avec ferveur la nostalgie des Halles d'antan. Les coquillages, crustacés et huîtres, la soupe à l'oignon, les plats du cochon dans lequel tout est bon (tentation de Saint-Antoine, pied grillé béarnaise) et les belles viandes de bœuf sont, alors que les modes passent, toujours d'actualité.

Chef
MICHEL LEROUET

Director
GILLES GRANDJEAN

LE PROCOPE

13, RUE DE L'ANCIENNE-COMÉDIE
75006 - PARIS
métro Odéon
TÉL : 01 40 46 79 00 • FAX : 01 40 46 79 09
Amex, Visa, Master Card, Diner's
http://www.procope.com

This historic establishment played host to the likes of Rousseau, Voltaire, Hugo and Balzac over two centuries ago, and faces the site where the Comédie française was located when they were alive. What used to be a decrepit café is now a very nice restaurant with a suite of small dining rooms and Voltaire's very own table. It's a pleasure to talk over a cup of tea here, or enjoy an oyster-fest at lunch or dinner. This delightful "restaurant-museum" is open every day of the year. It's a haven of peace in the bustling Odéon area, and a great place for pre- or post-movie dining. Benjamin Franklin discussed his text for the American Constitution here with French philosophers.

Open : Every day till 1:00 am
FORMULE DINER/SPECTACLE : 360F (55 €)

MENU : 178F (27 €) - A LA CARTE : 240F (37 €)
Ouvert : Tous les jours jusqu'à 1.00

Diderot, Rousseau, Voltaire, Hugo, Balzac, Benjamin Franklin et Verlaine, parmi d'autres, ont fréquenté cette maison vieille de trois siècles, le plus ancien café-glacier de Paris. Aujourd'hui, la vie du Procope est rythmée par celle des évènements parisiens. Les gens de théâtre, les artistes et un public de Parisiens qui aiment sortir vont ici en procession, pour de superbes huîtres et une cuisine bourgeoise bien mitonnée, canaille et légère, fraîche et franche (coq au vin tradition, véritable andouillette de Juliénas, glaces et sorbets maison). L'ambiance est intimiste ou joyeuse et le service d'une amabilité non feinte. Voilà le Paris de toujours.

LA ROTONDE

105, BD DU MONTPARNASSE
75006 - PARIS
métro Vavin
TÉL : 01 43 26 48 26 • FAX : 01 46 34 52 40
Amex, Visa, Master Card, JCB

Co -proprietor
GÉRARD TAFANEL

Proprietor
SERGE TAFANEL

This brasserie, which looks out on to Paris' boulevard du Montparnasse and the corner of boulevard Raspail, has a number of historical connections, having once been a meeting place for famous artists and painters. Chagall, Braque, Vlaminck and Picasso appreciated the friendly atmosphere here, as did famous French and American writers. It is a cheerful, comfortable and welcoming place. The current owners, Serge and Gérard Tafanel, are renown for their kindness, and regulars enjoy the many dishes on their menu from their native Cantal region: tasty meat cuts and delicious cheeses, matured to perfection. The wine list offers a good selection of Bordeaux wines.

Lunch - Dinner : *Everyday*
MENU : Lunch 154F - 190F (22 - 27€) - Dinner : 154F - 190F (22-27€)

Déjeuner - Dîner : *Tous les jours*

Ouverte sur le boulevard du Montparnasse, à l'angle du boulevard Raspail, c'est une brasserie historique fréquentée, autrefois, par les plus célèbres artistes-peintres. Chagall, Braque, Vlaminck, Picasso en ont aimé l'ambiance aimable, comme de célèbres écrivains français et américains. C'est un endroit joyeux, confortable et chaleureux. La gentillesse de Serge et Gérard Tafanel, les actuels propriétaires, est proverbiale et les habitués aiment à retrouver à leur carte, nombre de produits de leur pays d'origine, le Cantal, ses bonnes viandes et fameux fromages, parfaitement affinés. A leur carte des vins, un bon choix de bordeaux.

Chef
DOMINIQUE ALLORY

Director
PATRICK AMBLAR

SÉBILLON

66, RUE PIERRE-CHARRON
75008 - PARIS
métro Franklin-Roosevelt
TÉL : 01 43 59 28 15 • FAX : 01 43 59 30 00
Amex, Visa, Master Card, JCB

 Uncomplicated brasserie a stone's throw from the Champs-Elysées; the Sebillon's comfortable, English club-style dining room is the place to enjoy delicious leg of lamb (a house specialty) carved before your very eyes. The menu features other tasty treats as well. Partake of shellfish from the raw seafood bar, or tuck into steak tartare prepared to order, fresh sea scallops à la Provençale, grilled sole and sole meunière. Dessert revolves around giant éclairs and a mille-feuille that makes regulars nostalgic for the good old days when the restaurant first set up shop in Neuilly.

Lunch : Monday to Sunday · **Dinner** : Monday to Sunday
MENU : 180F (27 €)

A LA CARTE : 250F (38 €)
Déjeuner : Lundi au Dimanche · **Dîner** : Lundi au Dimanche

Une bonne brasserie sans histoire à fleur des Champs-Elysées ? Ne cherchez plus, voilà Sébillon avec son confortable décor de club anglais où toute l'année, le gigot d'agneau, grande spécialité maison, est tranché devant vous et, qui plus est, servi à volonté. Le reste n'est pas mal non plus avec le banc de fruits de mer et coquillages tout en fraîcheur marine, le tartare de bœuf préparé minute, les Saint-Jacques fraîches à la provençale, la sole, meunière ou grillée et l'éclair géant, le millefeuille comme jadis dans la maison-fondatrice, à Neuilly. Un des bons endroits du Triangle d'Or.

LA TAVERNE

24, BOULEVARD DES ITALIENS
75009 - PARIS
métro Richelieu -Drouot
TÉL : 01 55 33 10 00 • FAX : 01 55 33 10 09
Amex, Visa, Master Card, Diner's
http://www.lataverne.com

Chef
CLAUDE MIGUEL

Director
PIERRE SUEUR

Situated at the heart of the capital a short distance from the Opera and the cinemas and theaters lining the "grands boulevards," this brasserie offers plenty of old-time cafe-concert hall ambiance on a daily basis, paired with cuisine that's somewhere between Alsatian and French classic. Old friends gather to feast on ultra-fresh seafood; shellfish straight from the aquarium; salmon cooked in beer; consistently flavorful choucroute (a platter of sauerkraut, meat and potatoes); nicely done meats; farm-fresh Munster and a welcome Damson plum tart. Frothy "Kro" (what "insiders" call Kronenbourg!) beer and wines from Alsace (and elsewhere) round out this food-lover's paradise until two in the morning every day.

Lunch : Monday to Sunday - **Dinner** : Monday to Sunday
FORMULE DINER/SPECTACLE : 360F (55 €)

MENU : 150F (23 €) - A LA CARTE : 220F (34 €)
Déjeuner : Lundi au Dimanche - Dîner : Lundi au Dimanche

Au cœur de la capitale, à deux pas de l'Opéra, des cinémas et des théâtres des grands boulevards, cette brasserie offre chaque jour, autour d'une cuisine mi-alsacienne mi-classique, une ambiance de café-concert comme jadis. De joyeuses agapes s'organisent autour des fruits de mer ultra-frais, de crustacés qui sortent du vivier, de l'escalope de saumon ivre de bière, d'une choucroute toujours fringante, de viandes bien rassises, de munster fermier et d'une tarte aux quetsches bienvenue. La mousseuse bière et les vins d'Alsace ou d'ailleurs complètent cette panoplie gourmande, jusqu'à deux heures du matin chaque jour.

Chef
PASCAL BOULOGNE

Director
DENIS NICOLLE

TERMINUS NORD

23, RUE DE DUNKERQUE
75010 - PARIS
métro Gare du Nord
TÉL : 01 42 85 05 15 • FAX : 01 40 16 13 98
Amex, Visa, Master Card

Not so long ago, railroad station restaurants were a favorite with lovers of fine food. Nowadays though, the cuisine at most stations is limited to the fast-food variety. Thankfully Jean-Paul Bucher's Terminus Nord is still going strong. Its 30's décor is a fond reminder of the era when trains had elegant dining cars, fresh shellfish rode the rails into the capital from the coast, and the Orient Express (which still runs in summer) was the height of modern luxury travel. The brasserie's delicious oysters, skate in creamy caper sauce and salmon with sauerkraut are all part of this nostalgic picture.

Lunch : *Monday to Sunday* · Dinner : *Monday to Sunday*
MENU GARÇON : 138F (21€) *Sauf Dimanches et fêtes*
MENU BRASSERIE : 189F (29€) *le soir et les dimanches et fêtes à midi*
Faim de nuit : *138F (21€) après 22h*

A LA CARTE : 200F (30€) - 250F (38€)
Déjeuner : *Lundi au Dimanche* · Dîner : *Lundi au Dimanche*

Face à la gare du Nord, voilà un endroit qui est incontournable. Sitôt quitté le quai, il suffit de pousser la porte de cette brasserie pour se retrouver dans une ambiance joyeuse et ludique. Dans un décor Année Trente, avec banquettes de moleskine, globes et plantes vertes, le banc de fruits de mer et coquillages, la sole meunière, la choucroute paysanne, l'andouillette à la ficelle, les viandes grillées et les crêpes flambées sont de bonne compagnie. Une belle sélection de vins et un service précis complètent le tout avec bonheur.

VAGENENDE

142, BOULEVARD SAINT-GERMAIN
75006 - PARIS
métro Odéon
TÉL : 01 43 26 68 18 • FAX : 01 40 51 73 38
Amex, Visa, Diner's

Proprietor   Maître d'
MONIQUE EGURREGUY   FRANÇOIS LACARRIÈRE

This former 19th century "bouillon" (canteen) is now a most elegant brasserie. The Art Nouveau décor of frescoes, mirrors and graceful woods is authentic, and enjoys "historical landmark" status. The French cuisine, based on market finds and regional, earthy ingredients, is alive with genuine flavors. The oysters and shellfish; sole meunière; codfish and potato casserole with sweet preserved garlic; pot-au-feu (simmered beef and vegetables) in season; suckling pig caramelized in honey and spices, and bitter, dark chocolate gourmandise dessert work to revive long-lost traditions. Top-notch service throughout the day, lively atmosphere and a location at the heart of Saint-Germain-des-Près make Vagenende a "must" Parisian dining experience.

Lunch : Monday to Sunday · **Dinner** : Monday to Sunday
MENU : 142F (22 €)

A LA CARTE : 180F (27 €)
Ouvert tous les jours de 12h à 1h du matin

Cet ancien bouillon du siècle dernier est devenu une brasserie élégante. Le décor Art Nouveau de fresques, miroirs et boiseries chantournées est authentique et classé. La cuisine française, issue du marché et du terroir, y est pleine de vraies saveurs. Les huîtres et coquillages, la sole meunière, la brandade de morue à l'ail doux confit, le pot-au-feu en saison, le cochon de lait caramélisé au miel et aux épices et la gourmandise au chocolat noir amer cultivent une tradition que l'on croyait perdue. Le service de qualité, à toute heure, l'ambiance gaie et la situation au cœur de Saint-Germain-des-Près font de l'endroit un incontournable de la vie parisienne.

Chef
JEAN-FRANÇOIS THOREL

Director
THOMAS BALIN

LE VAUDEVILLE

29, RUE VIVIENNE
75002 - PARIS
métro Bourse
TÉL : 01 40 20 04 62 • FAX : 01 49 27 08 78
Amex, Visa, Master Card

The décor in the 19th century Vaudeville dates from the 20's. Its dining room is one of the finest examples of pure Art Deco style Paris has to offer! The brasserie, faced with extinction due to the decline of Paris' "boulevards", was saved by the Flo Group in 1979. The Group preserved and renovated its décor and reached out to a hungry young clientele with traditional brasserie fare. The crayfish salad, tripe sausage, Corrèze veal kidneys and simple steak tartare are favorites with the lunchtime stock market crowd. By night, the mood is festive when the neighboring theaters let out, actors and audience members alike come here to sup and rub elbows into the wee hours. Exceptional seafood.

Lunch : *Monday to Sunday* - **Dinner** : *Monday to Sunday*
MENU GARÇON : 138F (21€) *Sauf dimanches et fêtes*
MENU BRASSERIE : 189F (29€) *le soir et les dimanches et fêtes à midi*
Faim de nuit : 138F (21€) après 22h

A LA CARTE : 200F (30€) - 250F (38€)
Déjeuner : Lundi au Dimanche - Dîner : Lundi au Dimanche

Les journalistes de l'AFP, du Figaro et du Nouvel Observateur et les boursiers, tous voisins, ont fait de cet endroit au cadre Art-déco une de leurs cantines favorites. Le Tout-Paris du théâtre ne dédaigne pas non plus y avoir ses aises. Il est vrai que les belles huîtres, le pied de porc, la morue fraîche grillée à la purée de pommes de terre au jus de truffes, les viandes impeccables, les plats du jour bienvenus et la tarte fine à la rhubarbe sont sans reproche aucun. La cave bien sélectionnée et le service toujours souriant font le reste.

Need to
decide on an atmosphere,
a style, an **ambiance**,
for a **romantic dinner**,
a **wedding**, or a **party**?

vous avez besoin de ***choisir***
une ***ambiance***,
un style, un cadre,
pour un ***dîner romantique***,
un ***mariage***,
une ***fête***...

01 42 25 10 10

free reservation center
Central de réservation **gratuite**

or by our site:
ou consultez notre site :
http://www.reservethebest.com

BEST VALUE
◆
220 F and less
(Price without wine, tip and tax included)

AMBASSADE D'AUVERGNE

22, RUE DU GRENIER SAINT LAZARE
75003 - PARIS
métro Rambuteau
TÉL : 01 42 72 31 22 • FAX : 01 42 78 85 47
Amex, Visa, Master Card, JCB
http://www.ambassade-auvergne.com

Chef
FRÉDÉRIC FARRET
Director
FRANCIS PANEK

Proprietor
FRANÇOISE PETRUCCI

Even if you don't have time to visit Auvergne, you can tuck into the region's celebrated cuisine at this authentic eatery. Comfortably seated under the rafters amidst the jolly jumble of hanging hams in the country-style dining room, you'll be treated to the best the region has to offer including cured meats and coldcuts (reputed to be the finest in Paris), aligot, an Auvergnat specialty par excellence made from garlic-flecked whipped potatoes and savory tomme cheese, cassoulet with lentils, and blood sausage with chestnuts – accompanied by one of the top-notch Entraygues, Boudes, Marcillacs or Chateaugays in the cellar.

Lunch : Monday to Sunday · **Dinner** : Monday to Sunday
MENU : 170F (25,92 €)

A LA CARTE : 230F (35,06 €)
Déjeuner : Lundi au Dimanche · Dîner : Lundi au Dimanche

Si vous n'avez guère le temps de visiter l'Auvergne, elle vient à vous à Paris dans ce temple de l'authenticité rustique et généreuse, tenu de main de maître par Françoise Petrucci, fille du créateur de la maison, aujourd'hui en retraite. Vous vous attablez sous ces poutres, où pendent par dizaine des jambons d'anthologie, et vous repartez enchanté de cette immersion dans la France gourmande et chaleureuse en ayant retrouvé ces valeurs de toujours que sont les meilleures charcuteries de la restauration parisienne, l'aligot - le plat Auvergnat par excellence, à base de tomme fraîche et de purée de pommes de terre -, le cassoulet aux lentilles, le boudin aux châtaignes et les bons vins du cru, Entraygues, Boudes et autres Marcillac et Chateaugay.

L'ATELIER BERGER

49, RUE BERGER
75001 PARIS
métro Louvre Rivoli
TÉL : 01 40 28 00 00 - FAX : 01 40 28 10 65
Amex, Visa, Mastercard

Chef
JEAN CHRISTIANSEN

Maître d'
SERGE PELGRIN
SIGRUN CHRISTIANSEN

This old 1930's bar in the Halles area of Paris has been completely refurbished, and is today hosted by this young chef with a Norwegian family background, who was an apprentice at the Tour d'Argent and the Trois Marches in Versailles, before working in partnership with Michel Rostang. He dashingly produces joyful and generous French cuisine, with the very best produce in season. In the bar, you can also taste different wines by the glass from the interesting wine list. At coffee or liqueur time, cigar lovers can relax in the smoking room. The bright dining room of this friendly family restaurant is on the first floor. In summer some tables may be served on the terrace.

Lunch : *Monday to Saturday* - Dinner : *Monday to Saturday*
MENU : Lunch 132F (19 €) - Dinner 186F (26 €)

A LA CARTE : 186F (26 €)
Déjeuner : *Lundi au Samedi* - Dîner : *Lundi au Samedi*

Dans cette ancienne brasserie 1930 du quartier des Halles, entièrement transformée, ce jeune chef d'origine norvégienne, qui fit ses classes à la Tour d'Argent et aux Trois Marches à Versailles avant d'être l'associé de Michel Rostang, manie avec verve une cuisine française gaie et généreuse où se côtoient dans leur saison les meilleurs produits. Au bar, on peut goûter au verre, à l'intéressante sélection des vins de la carte. A l'heure du café ou du digestif, les amateurs de cigares peuvent se détendre au fumoir. La salle à manger claire de cette sympathique affaire familiale se trouve à l'étage. En été, possibilité de quelques tables en terrasse.

ATELIER MAÎTRE ALBERT

1, RUE MAÎTRE-ALBERT
75005 - PARIS
métro Maubert-Mutualité
TÉL : 01 46 33 13 78 • FAX : 01 44 07 01 86
Amex, Visa, Master Card

Chef
VINCENT DEMELIER

Proprietor
HENRI CAILLE

Time seems to stand still in this charming dining room with its wintertime fires in the hearth, candle-lit tables, rustic stone surfaces and exposed beams, and fabric-covered walls graced with works of modern art. What better setting for a romantic dinner for two? The cuisine, which revolves around a series of intelligent fixed price menus, is reassuring in its bourgeois classicism. The pressed salmon with young leeks; just-caught fish of the day; spit-roasted meats and poultry and delicate apple tart in a salted-butter caramel glaze are fresh, refined and light, and make clever use of market-fresh ingredients.

Lunch : *Monday to Saturday* - **Dinner** : *Monday to Saturday*
MENU : Lunch 150F (24 €) - Dinner 200F (30- €) - 260F (40 €)

A LA CARTE : 200F (30 €)
Déjeuner : *Lundi au Samedi* - **Dîner** : *Lundi au Samedi*

L'horloge du temps s'est arrêtée dans cette salle à manger de charme, avec l'âtre crépitant d'un feu de bois l'hiver, chandelles, vieilles pierres, poutres anciennes, murs tendus de tissus et tableaux modernes. Tout est là pour un intimiste dîner en tête-à-tête. La cuisine composée autour d'intelligents menus est rassurante dans son classicisme bourgeois. Le pressé de saumon aux jeunes poireaux, les poissons de la marée du jour, les viandes et volailles rôties à la broche et la tarte fine aux pommes caramel au beurre salé possèdent fraîcheur, finesse et légèreté tout en jouant avec malice le marché.

LE BISTROT PAPILLON

6, RUE PAPILLON
75009 - PARIS
métro Cadet
TÉL : 01 47 70 90 03 • FAX : 01 48 24 05 59
Amex, Visa, Master Card, Diner's, JCB

Chef-Proprietor
JEAN-YVES GUION

Proprietor
EVELYNE GUION

Your typical local bistrot, at the bottom of Montholon square, with its turn of the century feel, pretty table settings and silver tableware, friendly atmosphere and fresh local produce. Home-made duck liver pâté to start, sole fillet with orange sauce and gratinéed king prawn tails with spices for the fish course, calves' sweetbreads in pastry with champagne and iced nougat and rum baba with fresh fruit to finish. Great selection of wines and exceptional collection of brandies and whiskies. The bistrot also accommodates the "Toques blanches" association, a group of chefs who promote French cuisine and culinary training for young people.

Lunch : Monday to Friday · Dinner : Monday to Saturday
MENU : Lunch and Dinner : 160F (24 €)

A LA CARTE : 250F (38 €)
Déjeuner : Lundi au Vendredi · Dîner : Lundi au Samedi

Au pied du square Montholon, un bistrot de quartier comme on les aime, avec son cadre façon début de siècle, ses tables joliment mises de fin nappage et d'argenterie, son atmosphère conviviale et sa cuisine de marché : le foie gras de canard maison en entrée, les filets de sole à l'orange et le gratin de queues de gambas au piment en poisson, le feuilleté de ris de veau au champagne et, pour finir, le nougat glacé et le baba au rhum aux fruits frais. Bonne cave et remarquable sélection d'eaux-de-vie et de whisky. L'adresse abrite aussi le siège social des Toques blanches, une association de cuisiniers qui assure la promotion de la cuisine française et favorise la formation des jeunes.

LES BOUCHONS DE FRANÇOIS CLERC

12, RUE DE L'HÔTEL COLBERT - 75005 - *métro Maubert-Mutualité*
TÉL : 01 43 54 15 34 • FAX : 01 46 34 68 07
7, RUE DU BOCCADOR - 75008 - *métro F-D. Roosevelt*
TÉL : 01 47 23 57 80 • FAX : 01 47 23 74 54
32, BD DU MONTPARNASSE - 75015 - *métro Duroc*
TÉL : 01 45 48 52 03 • FAX : 01 45 48 52 17
79, AV KLÉBER - 75116 - *métro Kléber*
TÉL : 01 47 27 87 58 • FAX : 01 47 04 60 97
22, RUE DE LA TERRASSE - 75017 - *métro Villiers*
TÉL : 01 42 27 31 51 • FAX : 01 42 27 45 76
Amex, Visa, Master Card

Chefs	Maîtres d'
JEAN-PIERRE BRAULT	BRUNO COSTARD
STÉPHANE TELLIER	ISABELLE MARNIER
FRÉDÉRIC POIRSON	STÉPHANE VATTEPAIN
DAVID FÉAU	PHILIPPE GARON
LAURENT GERMANI	DAVID GAUCHER

François Clerc's "Les Bouchons" is something of an event in the Paris restaurant world, because the great vintages of Bordeaux, Burgundy and Champagne are offered at unbeatable prices: it is the least expensive wine list in France. The food is up to the standard of these great wines and complete the pleasure: crispy calf's head pie flavoured with truffle, pan cooked scallops and creamed lentils with foie gras, hot morello cherry soufflé... There are five outlets in Paris at all of which the service is friendly and efficient.

Lunch : Monday to Friday · Dinner : Monday to Saturday
MENU-CARTE : 227F (35 €) (5e-8e-17e arrondissement)
MENU-CARTE : 174F (27 €) (15e arrondissement)
Déjeuner : Lundi au Vendredi · Dîner : Lundi au Samedi

Lunch and Diner : every day
MENU-CARTE : 227 F (35 €) (16e arrondissement)
Déjeuner et Dîner : tous les jours

«Les Bouchons» de François Clerc : un événement dans la restauration parisienne, car les grands crus bordelais, les bourgognes et les champagnes sont proposés à des prix imbattables. C'est la carte des vins la moins chère de France... Les plats sont à la hauteur de ces grands vins et complètent le plaisir : le croustillant de tête de veau au jus de truffes, la poêlée de Saint-Jacques et crème de lentilles au foie gras, le soufflé chaud aux griottes... Cinq adresses à Paris. Service efficace et souriant.

BOUILLON RACINE

RESTAURANT - ÉPICERIE FINE BELGE
3, RUE RACINE
75006 - PARIS
métro Cluny La Sorbonne - Odéon
TÉL : 01 44 32 15 60 • FAX : 01 44 32 15 61
Amex, Visa

Chef-Director
OLIVIER SIMON

Director
ERIC BELLON

This art-nouveau masterpiece, a listed historic building with a dazzling facade that rivals the exuberant interior decoration of the 1900's harbours the remarkable embassy of Belgian gastronomy where Olivier Simon offers a tempting array of local specialties in the honey tones of beer: shrimp croquettes, Waterzooi or succulent Flemish charcoal grills, a truly exceptional rack of glazed suckling pig, as well as amazingly original desserts such as real Liegeois coffee served in a pitcher. Delicious food that should be accompanied by one of the many famous traditional Belgian beers. The only "Gueuses Beer Bar - Grill - Seafruit Counter" in Paris is to open in September 2000.

Lunch : Monday to Sunday · Dinner : Monday to Sunday
MENU : Lunch 79F (12 €) - 107F (16 €) - Dinner 189F (29 €)

A LA CARTE : 200F (30 €)
Déjeuner : Lundi au Dimanche · Dîner : Lundi au Dimanche

Ce chef-d'œuvre de l'Art Nouveau, classé Monument historique, à la façade éblouissante qui rivalise avec la décoration intérieure exubérante des années 1900 abrite la remarquable ambassade de la gastronomie belge où Olivier Simon décline une tentante palette de spécialités du cru aux couleurs de la bière : croquettes de crevettes grises, waterzooi ou succulentes carbonades à la flamande, un exceptionnel carré de cochon de lait laqué ainsi que des desserts surprenants d'originalité comme ce véritable café liègeois servi à la cruche. Des mets délicieux qu'il convient d'accompagner de l'une des fameuses bières traditionnelles belges. Ouverture d'un «Bar à gueuzes - rôtisserie - comptoir de fruits-de-mer» unique à Paris, dès septembre 2000.

Chef
HUBERT AVILES

Gérant
MICHEL DECOSNE

LES BREZOLLES

5, RUE MABILLON
75006 - PARIS
métro Mabillon
TÉL : 01 53 10 16 10 • FAX : 01 56 24 98 59
Visa

Brezolles are a delicious recipe adapted from the eighteenth century, a hot terrine of veal and vegetables with chestnuts. This restaurant, painted all in white yet with a warm and friendly atmosphere, next to Saint-Germain market, has made this its a la carte lunch speciality, as well as crispy snail and potherb butter pies. Dinner, a la carte or menu, offers a wider choice of very appetising country dishes such as duck foie gras with a spicy fig chutney, or a crispy oxtail and brawn sausage with potato gnocchi and parsley.

Lunch and Dinner: Tuesday to Saturday
MENU : Lunch 150F (23 €) - Carte Dinner 215F (33 €)

A LA CARTE : 250F (38 €)
Déjeuner et dîner : Mardi au Samedi

Les brézolles sont une délicieuse recette adaptée du XVIIIe siècle, une terrine chaude de veau et de légumes accompagnée de châtaignes. Et ce restaurant tout blanc mais néanmoins chaleureux, proche du Marché Saint-Germain, en a fait sa spécialité à la carte du déjeuner au même titre que ses Croustillants d'escargots, beurre d'herbes potagères. Un menu-carte dîner propose un éventail un peu plus large de plats d'inspiration terroir fort alléchants comme ce foie gras frais de canard, chutney de figues aux épices ou cette crépinette croustillante de queue et joue de bœuf, gnocchi de pomme de terre et persil.

CHEZ TOUTOUNE

5, RUE DE PONTOISE
75005 - PARIS
métro Maubert- Mutualité
TÉL : 01 43 26 56 81 • FAX : 01 40 46 80 34
http ://www.cheztoutoune.com
e-mail : cheztoutoune@wanadoo.fr
Amex, Visa, Master Card

Chef-Proprietor
TOUTOUNE

Maître d'
PAUL CORREIA

In a warm décor reminiscent of Provence, the legendary, fair-haired Toutoune dons her immaculate white coat and delves into the sunny South of France for her culinary inspiration. Join the host of regulars pleasuring their palettes with her soup of the day, seafood mille-feuille garnished with tapenade (a black olive-based condiment), sautéed cuttlefish with fennel, marjoram-flecked roasted saddle of young rabbit, and luscious crème brûlée delicately flavored with orange blossom for dessert. Tasty wines from Provence and elsewhere. A shining example of French joie de vivre!

*Lunch : Tuesday to Sunday - **Dinner** : Tuesday to Sunday*
CARTE MENU : 198F (30 €)

*Déjeuner : Mardi au Dimanche - **Dîner** : Mardi au Dimanche*

Dans un décor ensoleillé qui évoque la Provence, Toutoune, sa veste blanche immaculée en guise d'étendard, blonde comme un rayon de soleil, joue la carte de la cuisine du marché tendance sud. L'accent du Midi règne sur la soupière du jour, ravioles croustillants aux herbes, le mille-feuille aux petits violets et tapenade, les supions sautés au fenouil, le râble de lapereau rôti à la marjolaine et la crème brûlée à la bergamote et au fenouil confit. Le tout sied comme un gant à une clientèle d'habitués qui irrigue ces plats de bons vins de Provence et d'ailleurs. Un endroit où il fait bon vivre.

Le Christine

1, RUE CHRISTINE
75006 - PARIS
métro Odéon
TÉL : 01 40 51 71 64 • FAX : 01 42 18 04 39
Visa, Master Card
http : www.avantscene.com - email : lechristine@avantscene.com

Chefs
LIONEL MEUNIER
ANGÉLIQUE PFISTER
Room director
VALÉRIE BOYENVAL

Proprietor
JACQUELINE BAZAN

This provincial style restaurant with a charming inner courtyard situated in an almost rural street in timeless Paris does not rely on gimmicks, but on food cooked to order and the freshness of ingredients. The menus includes such dishes as rack of lamb glazed with honey, lamb chops simply grilled with sauté potatoes, preserved duck in the style of South-West France, slab of Charolais beef with pepper, and chocolate fondant. The service is genuinely friendly.

Lunch : *Tuesday to Friday* - Dinner : *Monday to Saturday*
MENU : Lunch 99F (15€) - Dinner 195F (30€)

A LA CARTE : 195F (30€)
Déjeuner : *Mardi au Vendredi* - Dîner : *Lundi au Samedi*

Dans une rue presque bucolique du Paris éternel, voilà cette table d'allure provinciale, avec une charmante cour intérieure, et une cuisine faite à la minute qui ne recherche pas l'épate, mais navigue, chaque jour, sur la crête de la fraîcheur. Elle égrène des plats comme le carré d'agneau glacé au miel, les côtes d'agneau simplement grillées aux pommes sautées, le confit de canard comme dans le Sud-Ouest, la pièce de Charolais au poivre et le juste-cuit au chocolat. Accueil et service d'une gentillesse non feinte.

LES DOLOMITES

38, RUE PONCELET
75017 - PARIS
métro Ternes
TÉL : 01 47 66 38 54 • FAX : 01 42 27 39 57
Visa, Master Card

Chef-Proprietor
THIERRY BERNIER

Dining-room Manager
PIERRE JOSEPH
Serveuse
MELANIE CASTEILTORT

Under the leadership of Christian Leclou, head waiter Pierre Joseph and chef Thierry Bernier, once of the Casa Olympe restaurant, have given both a classic and modern orientation to this restaurant whose comfort is warm and velvety. The dishes of the day are displayed on a slate-board and amongst the permanent features of the menu (in which three dishes change each week), the clientele may treat themselves to some of the house specialities : warm black pudding pâté with chestnuts, home-made duck foie gras with salt flower, or the famous chocolate fudge cake with a cocoa sorbet.

Lunch : Monday to Saturday · Dinner : Monday to Saturday
MENU : Lunch 115F/140F (16 € - 20 €) - Dinner 190F (276 €) -

Déjeuner : Lundi au Samedi - Dîner : Lundi au Samedi

Sous la houlette de Christian Leclou, Pierre Joseph, en salle et le chef, Thierry Bernier, un ancien de la Casa Olympe, ont donné une orientation à la fois classique et moderne à cette maison au confort feutré. L'ardoise présente les plats du jour et parmi les constantes d'une carte dont trois plats changent toutes les semaines, l'on peut se régaler de quelques-une des spécialités : terrine de boudin tiède aux châtaignes, foie gras de canard maison à la fleur de sel, fameux moëlleux tiède au chocolat et son sorbet cacao.

L'ÉQUITABLE

1, RUE DES FOSSÉS SAINT MARCEL
75005 - PARIS
métro Censier Daubenton- Gobelins
TÉL : 01 43 31 69 20 • FAX : 01 43 37 85 52
Amex, Visa

Chef-Proprietor
YVES MUTIN

Maître d'
SYLVIE ANZALONE

This young qualified chef set up recently in an old country inn, with pretty little floor tiles, beams and bare stone walls. Yves Mutin's even-handed cuisine fits the name of his restaurant perfectly. He confidently manipulates cooking traditions, and knows how to make good, wholesome basic produce appealing. He transforms great classical dishes into wonderful modern masterpieces, while maintaining very good value. Fine wine list, lively and skilled service.

Lunch : *Tuesday to Sunday* · **Dinner** : *Tuesday to Saturday*
MENU : Lunch 130F (18 €)· Diner and Carte 168 F (24 €)

SALON PARTICULIER POUR 25 PERSONNES
Déjeuner : *Mardi au Dimanche* · **Dîner** : *Mardi au Samedi*

Ce jeune chef confirmé s'est installé récemment dans une auberge de style rustique, relevée de petits carreaux, de poutres, de murs de pierre brute. La cuisine d'Yves Mutin, justifie l'enseigne. Maniant avec sûreté la tradition culinaire, il sait donner aux très bons produits de base une tonalité chantante. Les grands plats classiques se transforment entre ses mains en grandes réalisations contemporaines tout en restant dans un excellent rapport qualité-prix. Très belle carte de vins, service actif et compétent. Non seulement charmante et souriante, Sylvie maîtrise à la perfection l'anglais.

LE CLOU

132, RUE CARDINET
75017 PARIS
Métro Malesherbes
TÉL. : 01 42 27 36 78 • FAX : 01 42 27 89 96
Visa, Master Card

Chef proprietor
CHRISTIAN LECLOU

Maître d'
DOMINIQUE DUPUY
Serveuse
ROSE

Christian Leclou, from the Poitou region of western France, has turned this modern bistro into a gourmet venue. At lunchtime the slate advertises a long list of fine dishes: carefully selected beef cuts from the best breeds of French cattle (Norman, Limousin, blonde d'Aquitaine), fresh sea fish, black pudding terrine with chestnuts, Poitou shoulder of lamb in rosemary, chocolate mousse, and, when in season, scallops and game. The wine list is very good and inexpensive (bottles at 70 and 85 FF, 1/2 litre carafes at 50 FF, wines by the glass).

Lunch : Monday to Friday · **Dinner** : Monday to Saturday
MENU : Lunch 110F (15 €)

CARTE : 180F (25 €)
Déjeuner : Lundi à Vendredi · Dîner : Lundi au Samedi

Le Poitevin Christian Leclou a fait de ce bistrot moderne un rendez-vous de gourmets. Au déjeuner, l'ardoise donne la mesure d'une carte qui présente un large répertoire de bons petits plats : viandes rouges de belle race (normande, limousine, blonde d'Aquitaine) soigneusement sélectionnées, poissons de la marée du jour, terrine de boudin aux châtaignes, épaule d'agneau du Poitou confite au romarin, moëlleux au chocolat et, en saison, saint-jacques et gibier. Le choix de vins est épatant et leurs prix modiques (bouteilles 70, 85 F, pot de 50 cl : 50 F, vins au verre).

Chef/Proprietor
FRANCK PAQUIER

Proprietor
LYSIANE PAQUIER

L'O À LA BOUCHE

124, BOULEVARD DU MONTPARNASSE
75014 - PARIS
métro Vavin
TÉL : 01 56 54 01 55 • FAX : 01 43 21 07 87
Amex, Visa, Master Card, JCB

After working at Troisgros and at Guy Savoy's, Frank Paquier opened his restaurant four years ago. Since January 1999 he has been at the heart of Montparnasse, where he found more room in which to display his talent. In a Mediterranean atmosphere all in ochre and sienna as warm and sunny as his dishes, he offers such delights as pan fried foie gras with soft fruit, Venetian balsam lobster ravioli, and Grand-Marnier soufflé with vanilla ice-cream.

Lunch : Tuesday to Saturday · **Dinner** : Monday to Saturday
MENU : Lunch 140F (21€) · Dinner 195F (30€)

A LA CARTE : 250F (38€)
Déjeuner : Mardi au Samedi · Dîner : Lundi au Samedi

Franck Paquier, après avoir travaillé chez Troisgros et Guy Savoy, a ouvert son restaurant voilà quatre ans. Depuis janvier 1999, il est installé en plein cœur de Montparnasse, où il a trouvé plus de place pour laisser éclater son talent. Dans une ambiance méditerranéenne tout en ocre et terre de Sienne, aussi chaleureuse et ensoleillée que ses plats, il vous propose le foie gras poêlé aux fruits rouges ou les ravioles de homard au Beaumes de Venise, le soufflé au Grand-Marnier, glace vanille.

Le Relais des Buttes

86, rue Compans
75019 - Paris
métro Place des Fêtes ou Botzaris
TÉL : 01 42 08 24 70 • FAX : 01 42 03 20 44
Visa, Master Card, Diners, JCB

Chef-Proprietor
MARC GAUTRON

Proprietor
MARIE-ANGE GAUTRON

Charming blue and white establishment perched high above Paris along the bucolic Buttes-Chaumont boasts prettily set tables, a delightful flower-filled garden for guests' warm weather enjoyment, and a crackling fire in the dining room hearth when the weather grows cold. Fine food lovers flock here for master chef Marc Gautron's "updated classic" cuisine, reconfigured on a daily basis owing to his market finds. Spring lobster salad; lobster and vegetable stew; bass roasted in champagne, and calf's sweetbreads with morel mushrooms are artfully served by Gautron's wife, Marie-Ange. Sumptuous cellar.

Lunch : Monday to Friday - **Dinner** : Monday to Saturday
MENU : 185F (28€)

A LA CARTE : 300F (46€)
Déjeuner : Lundi au Vendredi - Dîner : Lundi au Samedi

Une belle maison à la façade blanche et bleue sur les hauteurs de la capitale. Avec son jardin fleuri dès les beaux jours venus, sa cheminée crépitante l'hiver, ses tables joliment mises, ce relais de charme, aux abords des bucoliques Buttes-Chaumont, attire les amateurs de bonne chère. Pour une cuisine d'un classicisme modernisé et renouvelée chaque jour à l'aune du marché par Marc Gautron, un chef qui connaît son abécédaire des bons produits sur le bout de la fourchette. La salade de homard printanière, navarin de homard, le bar rôti au champagne, les pommes de ris de veau aux morilles sont vantés avec art par son épouse Marie-Ange. De belles bouteilles aussi.

LE RESTAURANT

32, RUE VÉRON
75018 - PARIS
métro Abbesses
TÉL : 01 42 23 06 22 • FAX : 01 42 23 36 16
Amex, Visa, Master Card

Chef-Proprietor
YVES PELADEAU

Manager
NORA

Montmartre trendies flock to this bucolic neighborhood hideaway. And rightly so, for the market-inspired cuisine here is as lively and flavorful as can be. Sautéed squid with spicy chorizo sausage, flaky cod done Provençal-style, honey-roasted duckling, fricassee of rabbit with rosemary and smoked bacon and a scrumptious banana tart make this establishment well worth frequenting. The wines are always impeccably chosen and the female service team is unfailingly friendly and efficient. In fact the atmosphere alone is enough to keep you coming back for more...

Lunch : Monday to Friday - **Dinner** : Monday to Saturday
MENU : Lunch 70F (11 €) - 120F (18 €) - Dinner 120F (18 €)

Déjeuner : Lundi au Vendredi - **Dîner** : Lundi au Samedi

Cet antre bucolique noyé sous la verdure attire le public branché de la Butte. Il est vrai que celui-ci ne se trompe guère en tâtant d'une cuisine au plus près du marché, vive et bien enlevée. Le sauté de calamars au chorizo, le feuilleté de morue provençale, la canette rôtie au miel, la fricassée de lapereau au romarin et lard fumé, la tarte à la banane et quinquina valent la halte. Les vins sont très bien choisis, le service féminin enjoué en diable et l'ambiance toujours enivrante complètent avec bonheur le tout.

LE SAFRAN

29, RUE D'ARGENTEUIL
75001 - PARIS
métro Pyramides - Opéra
TÉL : 01 42 61 25 30 • FAX : 01 42 61 25 30
Amex, Visa, Master Card, Diner's
email : CAROLL-SINCLAIR@ wanadoo.fr

Maître d'
DOMINIQUE FIORI

Chef-Proprietor
CAROLL SINCLAIR

The warm and dominating yellow of saffron suits the sunny temperament of the cook at this restaurant , Caroll Sinclair. The menu, made up mostly of organic ingredients, is cleverly constructed and contains several of her original creations : potato cake with foie gras, scallops in a lobster and saffron sauce, "crunchy pyramid", oxtail stuffed with cereals, tuna and foie gras, médaillon of lamb garnished with thyme, bass stuffed with mushrooms...It is also possible to choose from the surprise menu and let yourself be guided by the owner herself; an assured delight.

Lunch : Monday to Sunday • Dinner : Monday to Sunday
MENU SURPRISE : Lunch - Dinner 160F and 240F (24-37 €)
MENU CARTE : Lunch : 114F (217€) - Dinner : 148F (23 €)

A LA CARTE : 250F (38€)
Déjeuner : Lundi au Dimanche • Dîner : Lundi au Dimanche

La chaude dominante safran de ce nouveau restaurant sied à la cuisinière de tempérament solaire qu'est Caroll Sinclair. La carte, composée pour le principal de produits biologiques, est astucieuse et annonce quelques-unes de ses créations originales : gâteau de pommes de terre au foie gras ; coquille Saint-Jacques au jus de langoustine safrané ; pyramide croustillante ; queue de boeuf farcie aux céréales; thon au foie gras ; médaillon d'agneau à la fleur de thym; bar farci aux trois champignons... On peut aussi choisir le menu surprise et se laisser guider par la patrone. Le régal est toujours au rendez-vous.

Chef
GLEN MARKUSSEN

Co-Proprietors
CHRISTIAN AMIC
JEAN-LOUIS ISNARD

STRAPONTIN CAFÉ

12, RUE PRINCESSE
75006 - PARIS
métro Mabillon
TÉL. : 01 43 26 79 95
Amex, Visa

Small dining areas squeezed in between stone pillars, with red or blue walls, softly lit with antique lamps or a crystal chandelier... The baroque atmosphere is convivial. Jean-Louis Isnard, the owner, uses real velvet theatre seats, which are extremely comfortable. The mood begins at the bar where delicious cocktails may be enjoyed before and after your meal. The excellent chef, Glen Markussen, works with fresh produce from south-east France and applies Mediterranean traditions to create a flurry of subtle flavours.

Lunch - Dinner : Everyday
MENU : 59F- 69F (8 € - 10 €)

A LA CARTE : 190F (27 €)
Déjeuner - Dîner : Tous les jours

Petites salles à manger serties dans des piliers de pierre, aux murs brossés en rouge ou bleu, éclairées doucement par des lampes anciennes à filaments ou un lustre de cristal... Le cadre baroque est convivial. Les propriétaires, Jean-Louis Isnard et Christian Amic, utilisent de vrais sièges de théâtre en velours, très confortables. L' ambiance commence autour du bar où, "before and after" se dégustent de délicieux cocktails. L'excellent chef, Glen Markussen travaille les produits frais du Sud-Est de la France pour une cuisine où les traditions culinaires d'autour de la Méditerranée s'envolent en subtiles saveurs.

LE VERRE BOUTEILLE

5, BD GOUVION-ST-CYR - 75017 - *métro Porte de Champerret*
TÉL : 01 47 63 39 99 • FAX : 01 47 63 07 02
85, AVENUE DES TERNES - 75017 - *métro Ternes*
TÉL : 01 45 74 01 02 • FAX : 01 47 63 07 02
http://www.leverrebouteille.com
e-mail : reser@leverrebouteille.com

Amex, Visa, Master Card, Diner's, JCB

| *Chef* | *Proprietor* |
| FRANCIS VAROQUEAUX | PATRICK AMELINE |

This historic former nighttime bar boasts a decorating scheme straight out of the 40's, a "Gone with the Wind" mural, and a dizzying assortment of game-related curios. It serves bistro-style fare made from the finest ingredients at truly reasonable prices. Feast on sinfully good goat's cheese ravioli, hand-chopped steak tartare, tripe sausage, pan-roasted chateaubriand and velvety chocolate cake, washed down with a selection from the artfully compiled wine cellar. The branch of this eatery located on the avenue des Ternes serves until dawn. The only bistro in Paris where the beef for the steak tartare is chopped by hand!

Lunch : Monday to Sunday - **Dinner** *: Monday to Sunday*
MENU : Lunch 90F (14 €) - 110F (17 €) - 160F (24 €) - Dinner 110F (17 €) - 160F (24 €)

A LA CARTE : 170F (26 €)
Déjeuner : Lundi au Dimanche - **Dîner** *: Lundi au Dimanche*

Dans le décor années quarante de cet historique et ancien bar de nuit, avec une fresque de la Scarlett de «Autant en emporte le vent» dans «Memory Lane» et mille et un objets autour de l'univers du jeu, ce bistrot à étage joue la carte du beau produit à prix compté. Les ravioles de chèvre, le tartare de bœuf coupé au couteau, l'andouillette AAAAA, le chateaubriand poêlé, et le gâteau fondant au chocolat sont de bien belles choses. La cave recèle aussi des crus choisis avec art et une seconde adresse, avenue des Ternes, sert jusqu'à l'aube. L'unique bistrot parisien du steack tartare coupé au couteau.

FUN AND TRENDY

From 200 F to 300 F

(Price without wine, tip and tax included)

Bal du Moulin Rouge

NOUVELLE REVUE !

Féerie

DÎNER & REVUE À 19 H À PARTIR DE 790 F - REVUE À 21 H : 560 F, À 23 H : 500 F
MONTMARTRE - 82, BD DE CLICHY - 75018 PARIS - RÉSERVATIONS : 01 53 09 82 82
WWW.MOULIN-ROUGE.COM

L'ALCAZAR

62, RUE MAZARINE
75006 - PARIS
métro Odéon
TÉL : 01 53 10 19 99 • FAX : 01 53 10 23 23
Amex, Visa, Diner's, JCB

Chef
GUILLAUME LUTARD

Director
MICHEL BESMOND

A chic brasserie, designed by Terence Conran, that has replaced the old Alcazar cabaret. Under its glass roof, in a modern decor, you can dine in an elegant and festive lounge atmosphere with the best DJ's in Paris. A warm welcome, attentive service around tables in bare wood or with white table cloths; Guillaume Lutard, the chef who used to be at the Taillevent, offers a range of fun fare, from seafood, to classic French, or English-inspired dishes that suits a relaxed gourmet clientèle.

Lunch : Monday to Sunday - Dinner : Monday to Sunday
MENU : Lunch 140F (21 €) - Dinner 140F (21 €)

DINER CARTE : 250F (38 €) - 300F (46 €)
Déjeuner : Lundi au Dimanche - Dîner : Lundi au Dimanche

Une brasserie chic, griffée Sir Terence Conran, qui a pris la place de l'ancien cabaret de l'Alcazar. Sous la verrière et dans un décor contemporain, avec cuisine juste séparée de la salle par une vitre, bar en mezzanine où l'on peut dîner dans une atmosphère lounge élégante et festive avec les meilleurs DJ de la capitale. Un accueil chaleureux, un service attentif autour de tables de bois ou nappées de blanc ; la cuisine de Guillaume Lutard - qui fût au "Taillevent" - présente un registre ludique, entre fruits de mer, plats classiques ou inspirés d'Outre-Manche, qui sied à un public gourmand et décontracté.

Associate Chef
HERVÉ DOS SANTOS

Proprietors
MAÏTÉ MARQUEBIEILLE
JACKI DUDEMAINE

L'APPART

9-11, RUE DU COLISÉE
75008 - PARIS
métro Franklin-Roosevelt
TÉL : 01 53 75 16 34 • FAX : 01 53 76 15 39
Amex, Visa, Master Card, JCB

The décor in this lively two-story restaurant takes its cue from a library theme, and the walls are covered in handsome honey and spruce-color. The dining "nooks" are always chock-a-block with enthusiastic food-lovers enjoying the sometimes earthy, always reassuringly classic fare, crafted with a fine, light touch : zucchini fondant with cardamom; roasted salmon with lesueur pea sauce ; pan-roasted veal in mustard sauce and French toast-style brioche with dairy caramel. Judiciously chosen wines, and pretty, friendly hostesses.

Lunch : Monday to Sunday · **Dinner** : Monday to Sunday
MENU : 180F (27€)

A LA CARTE : 200F (30€)
*Déjeuner : Lundi au Dimanche · **Dîner** : Lundi au Dimanche*

Sur deux étages, murs aux tissus miel et sapin, ambiance animée, décor façon bibliothèque et chaque jour une salle bondée d'un public gourmand qui en redemande. Il est vrai que dans cet Appart se mitonne une cuisine pleine d'allant, canaille quand il le faut, classique pour rassurer, le tout sur le mode de la finesse et de la légèreté : rouleaux d'aubergines confites, pavé de morue fraîche pommes de terre écrasées au jus de viande, onglet de veau poêlé à la moutarde et brioche façon pain perdu au caramel laitier. Des vins bien choisis aussi et de bien jolies hôtesses toujours souriantes.

L'AVENUE

41, AVENUE MONTAIGNE
75008 PARIS
Métro Franklin-Roosevelt
TÉL. : 01 40 70 14 91 - FAX : 01 40 70 91 97
Amex, Visa, Master Card, Diner's, JCB

Chef
CHRISTIAN LECLERE

Manager
CHAHRAZAD ZARBAT

At the heart of the Golden Triangle and the most stylish of Parisian avenues, avenue Montaigne, a stone's throw from the Champs-Elysées and the medias, this restaurant has become, thanks to another wave of their magic wand by the Costes brothers, the Mecca of Parisian dining. Throughout the day, from breakfast to dinner, an elegant clientele of film stars, fashion designers, models, journalists, sports stars and well-known photographers rub shoulders. To the backdrop of violet walls, the pretty waitresses pass from one table to another in a discrete and efficient manner. The dishes on the menu are of impeccable presentation : beautiful, plentiful and pleasant meals.

*Lunch : Monday to Sunday - **Dinner :** Monday to Sunday*

A LA CARTE : 250F à 300F (35 à 42 €)
*Déjeuner : Lundi au Dimanche - **Dîner :** Lundi au Dimanche*

Au cœur du Triangle d'Or et de la plus chic des avenues de Paris, l'avenue Montaigne, à deux pas des Champs-Elysées et des médias, ce restaurant est devenu, par un nouveau coup de baguette magique des Frères Costes, un haut-lieu de la vie parisienne. Toute la journée, du petit déjeuner au dîner, vedettes, couturiers, mannequins, journalistes, grands sportifs, photographes connus s'y pressent en une foule élégante. Dans la salle aux murs parme, de jolies serveuses vont de l'un à l'autre, discrètes et efficaces. A la carte, des plats tirés à quatre épingles : de beaux produits pour de copieuses et aimables assiettes.

Director
JEAN-YVES HAOUZI

Proprietor
RAYMOND VISAN

B*Fly*

49-51, AVENUE GEORGE-V
75008 - PARIS
métro George-V
TÉL : 01 53 67 84 60 • FAX : 01 53 67 84 67
Amex, Visa, Master Card

This building, that used to be a depot for the Paris newspapers, with its modern New York-style interior, is today a fashionable, show-business venue that is both restaurant and meeting place. Friends meet for a drink at the meandering bar or reserve a table for a meal featuring flavours from all over the world. Sushi, raw tuna with sesame, beef carpaccio, pan-fried floured sole, duck fillet marinated in honey and soya, and strawberry tiramisu are tempting examples.

Lunch : Monday to Sunday except Saturday · *Dinner : Monday to Sunday*

A LA CARTE : 150F (23 €) - 180F (27 €)
Déjeuner : Lundi au Dimanche sauf Samedi · Dîner : Lundi au Dimanche

Dans son décor moderne façon New-York, l'ancien dépôt des messageries de la presse parisienne reste un lieu à la mode, très show-biz, à la fois restaurant et point de rendez-vous. On se retrouve devant le bar aux courbes sinueuses pour un verre, ou autour d'une table pour déguster une cuisine qui trouve son inspiration dans les saveurs du monde. Les sushis, le thon cru au sésame, carpaccio de bœuf, sole meunière, magret de canard mariné au miel et soja, tiramisu aux fraises font bien bonne figure.

BARRIO LATINO

46, RUE DU FAUBOURG-SAINT-ANTOINE
75012 - PARIS
métro Bastille
TÉL : 01 55 78 84 75 • FAX : 01 55 78 85 30
Amex, Visa, Master Card

Gérant
FRANCIS CHAMPAGNE

Proprietor
RAYMOND VISAN

François Wapler has made splendid use of this enormous space with its rhythmic atmosphere near the Bastille Opera. The sweeping spiralled staircase leads to the restaurant on the first floor, to the Cuban bar on the second, and finally to the VIP bar on the last floor, open only to members with personal keys. The colours are rich and warm; enormous chandeliers illuminate the antique furniture in this golden setting. Whether you stop by just for a moment, for drinks or for a meal, this has become one of the most popular meeting paces in the neighbourhood.

Lunch : Monday to Sunday · **Dinner** : Monday to Sunday
MENU : Lunch 135F (21 €) - Dinner 175F (27 €)

A LA CARTE : 220F (34 €)
Déjeuner : Lundi au Dimanche - Dîner : Lundi au Dimanche

Près de l'Opéra Bastille, François Wapler a tiré un magnifique parti de cet immense espace à l'ambiance rythmique. Les volutes de l'escalier à double révolution mènent vers le restaurant du premier étage, vers le bar cubain du deuxième niveau, au bar VIP, enfin, au dernier étage où vous n'entrerez qu'avec une clef personnelle. Les couleurs sont riches, chaleureuses. D'immenses lustres mettent en valeur des meubles anciens posés dans ce cadre doré. Pour un moment, un cocktail, un repas, c'est l'un des endroits les plus courus du quartier.

Chef
BENOIT DARGERE

Proprietor
FRÉDÉRIC LEQUIN

BARRAMUNDI

3, RUE TAITBOUT
75009 - PARIS
métro Richelieu-Drouot
TÉL : 01 47 70 21 21 • FAX : 01 47 70 21 20
Amex, Visa, Master Card, Diner's

This happenin' new Parisian address is located a stone's throw from the Opera. It's a vast, split-level complex where you can dally over a drink in the bar or lounge from noon to 4 am to the sounds of "world" music, enjoy lunch or dinner in the restaurant, or sip a cup of something hot and delicious when tea-time rolls 'round. Soft lighting, funky Indian-African "fusion" décor and very of-the-moment Asian-Provençal cuisine all add to the pleasure of coming here, and the laid-back, fashion-chic atmosphere makes Barramundi an exceedingly popular place with the city's "in" crowd.

*Lunch : Monday to Friday - **Dinner** : Monday to Saturday*
MENU : *Lunch* 98F (15 €) - 128F (20 €)

A LA CARTE : 250F (35 €)
Déjeuner : Lundi au Vendredi - Dîner : Lundi au Samedi

Une adresse très courue de la capitale. A deux pas de l'Opéra, ce lieu à double niveau et de beau volume a une triple vocation : de midi à 4 heures du matin, vous pouvez prendre un verre au bar, au son de la "world music", déjeuner ou dîner au restaurant, mais aussi en faire votre salon de thé préféré. Dans une atmosphère tamisée où fusionne une déco Inde-Afrique, une cuisine de style orientalo-provençale - bien dans l'air du temps - vous sera servie dans vos assiettes. L'ambiance est décontractée sur le mode chic et vous avez là un lieu de vie comme Paris les aime.

BERMUDA ONION

16, RUE DE LINOIS
75015 - PARIS
métro Charles-Michels
TÉL : 01 45 75 11 11 • FAX : 01 40 59 92 94
Amex, Visa, Master Card, Diner's, JCB

Chef
FABRICE FOURRIER

Director
VALÉRIE MAUPAS

Time has left this loft-style restaurant virtually untouched. It's still the place to come to "see and be seen" while enjoying very "of the moment" cuisine, served by a battalion of pretty, personable waitresses. Try the shrimp sautéed with young leeks and Indian spices; curried monkfish; couscous with baby vegetables and mild spices; duck breast with vanilla and fresh fruit, and dessert offerings like fresh fruit gratin and sabayon with pink praline. The wine list is savvy, and reasonably priced – and there's a splendid view of the Seine at no extra charge!

Lunch : Closed · Brunch : Sunday · Dinner : Monday to Sunday
BRUNCH : 135F (21 €) - 150F (23 €) - 160F (24 €)

A LA CARTE : 250F (38 €) - FORMULE : 195F (30 €) BO+SIMPLEMENT (1entrée+1plat+1dessert)
Déjeuner : Fermé · Brunch : Dimanche · Dîner : Lundi au Dimanche

Le temps n'a pas de prise sur ce restaurant-loft qui continue d'attirer tout ce que Paris compte de gens du show-off qui aiment s'amuser tout en dégustant une cuisine adaptée à l'air du temps. Servis par un bataillon de serveuses enjouées et jolies, goûtez les crevettes sautées aux jeunes poireaux et aux épices indiennes, lotte au curry, couscous de petits légumes aux épices douces, magret de canard à la vanille et fruits frais, gratin de fruits frais, sabayon aux prâlines roses. Bon choix de vins à prix compté et vue sur la Seine sans supplément aucun.

Co-Proprietor
CHRISTOPHE AUBRY

Co-Proprietor
FABRICE RAOULT

BOCA CHICA

58, RUE DE CHARONNE
75011 - PARIS
métro Ledru-Rollin
TÉL : 01 43 57 93 13 • FAX : 01 43 57 04 08
http://www.labocachica.com
Amex, Visa, Master Card, Diner's, JCB

Cool surroundings and hip people (many of whom hail from the fashion world) are the order of the day at this eatery devoted to food with a pronounced Spanish accent, running the gamut from Catalonia to the Basque region by way of Navarre and Levant. Delight in the sun-kissed flavors of tortillas de patatas, Serrano ham, jumbo shrimp, bacalao a la plancha, marmitako (a tuna ragout) and/or rice valenciana, then tuck into the scrumptious crema catalana or surtido de turones (an assortment of nougat confections) for dessert. And wet your whistle with one of the splendid Rioja or Penedes wines on offer.

Lunch : *Monday to Sunday* · **Dinner** : *Monday to Sunday* · **Brunch** : *Sunday*

BRUNCH : 95F (14€)
A LA CARTE : 140F (21€)
Déjeuner : *Lundi au Dimanche* · **Dîner** : *Lundi au Dimanche* · **Brunch** : *Dimanche*

Frais décor, belle jeunesse branchée ou non, mode évidemment, mais dans le genre sérieux sans oublier d'être ludique, ce restaurant est voué aux nourritures d'inspiration espagnoles, empruntant à la Catalogne, au Pays Basque, à la Navarre et au Levant. De la tortilla de patatas à la crema catalana en passant par le jamon serrano, les gambas ou la bacalao à la plancha, le marmitako, un ragoût de thon, le riz valenciana et le surtido de turones, un assortiment de nougats, c'est un grand rayon de soleil qui illumine les assiettes. Les vins de la Rioja et du Pénédès viennent irriguer le tout avec bonheur. Patio privatif très prisé !

LES BOOKINISTES

53, QUAI DES GRANDS-AUGUSTINS
75006 - PARIS
métro Saint-Michel
TÉL : 01 43 25 45 94 • FAX : 01 43 25 23 07
Amex, Visa, Master Card, JCB
http://www.Bookinistes.com

Chef-Proprietor
WILLIAM LEDEUIL

Director
ERIC BRUYELLE

Under the capable stewardship of Eric Bruyelle, this restaurant has become one of super-chef Guy Savoy's most successful bistro annex ventures. Its dining room décor, designed by Daniel Humair and Léopold Gest, reflects inspired modernism and surprise in every detail. William Ledeuil's inventive cuisine pairs raw with cooked and sweet with sour so that exotic flavors abound in even the simplest of dishes. Prices here are gentle in relation to the quality of food and service.

*Lunch : Monday to Friday - **Dinner** : Monday to Sunday*
MENU : 160F (24 €)

A LA CARTE : 190F (29 €)
*Déjeuner : Lundi au Vendredi - **Dîner** : Lundi au Dimanche*

Sous l'œil vigilant de Eric Bruyelle voici une des plus belles réussites parmi les nombreux bistrots-annexes de Guy Savoy, le très grand chef de la rue Troyon. Le cadre signé Daniel Humair et Léopold Gest est d'un modernisme inspiré où tous les détails surprennent. La cuisine inventive de William Ledeuil mêle le cru et le cuit, le doux et l'amer, les saveurs exotiques avec le plat le plus simple. Prix très attractifs pour la qualité du service et de la table.

Chefs
KASUTO & VICKY-FAN
MASTSUSAKA

Proprietor
RAYMOND VISAN

BUDDHA BAR

8, RUE BOISSY-D'ANGLAS
75008 - PARIS
métro Concorde
TÉL : 01 53 05 90 00 • FAX : 01 53 05 90 09
Amex, Visa, Master Card

 The Buddha Bar has been a "must" address for jet-setters since it opened. Located on the rue Boissy d'Anglas (in what was the very first Bœuf sur le Toit restaurant, frequented by Jean Cocteau), its dining room spreads out over a vast seven hundred square meters of basement space. "Beautiful people" from high society and the show biz world seek out Nirvana in dishes proffering the exotic flavors and cutting-edge techniques of Californian Japanese cuisine, served under the watchful eye of an enormous Buddha. Come fashionably late for a glimpse of the stars à table!

*Lunch : Monday to Saturday - **Dinner** : Monday to Saturday*
MENU : Lunch 190F (29 €)

A LA CARTE : 300F (46 €)
Déjeuner : Lundi au Samedi · Dîner : Lundi au Samedi

Depuis son ouverture, l'endroit est "un must", pour l'excellente cuisine qu'on y sert, mais aussi pour son étonnant décor. Sept-cents mètres carrés d'un immense sous-sol aménagé dans les communs des anciens Hôtels de Gabriel. Autant de couverts sont servis chaque jour aux *happy few* pour qui l'accès au Nirvana - sous la statue géante de Bouddha - emprunte le chemin des saveurs mêlées d'exotisme et de modernité de la cuisine nippo-californienne. On y rencontre des créatures de rêve, le Tout-Paris de la mode et les recettes du show-biz.

Neuilly ★

CAFÉ LA JATTE

60, BOULEVARD VITAL - BOUHOT
92200 - NEUILLY-SUR-SEINE
métro Pont-de-Levallois
TÉL : 01 47 45 04 20 • FAX : 01 47 45 19 32
Amex, Visa, Master Card, Diner's

Chef	Proprietor
MICHEL TIREL	LUC PEYRONNEL

An enormous dinosaur dances above diners' heads at this Ile-de-la-Jatte locale. The island itself was a favorite with the Impressionist painters but its café fell into disrepair after their era, only to enjoy a magnificent revival in the 70s. It has since served as the "in" gathering place for giants from the ad, media and movie industries. The cuisine is pleasantly trendy, and above all, the cellar is very intelligently compiled. Five minutes by car from the Arc de Triumphe and a five minute walk from the metro.

Lunch : Monday to Sunday - **Dinner** : *Monday to Sunday*
PROPOSITIONS : Entrées à 45F (7€) - Plats à 85F (13€)

A LA CARTE : 230F (35€)
Déjeuner : Lundi au Dimanche - *Dîner : Lundi au Dimanche*

Un dinosaure de vingt mètres danse au-dessus de vos têtes dans ce restaurant de l'Ile-de-la-Jatte qui fut célèbre au temps des peintres impressionnistes. L'île, tombée dans l'oubli jusque dans les années soixante-dix, connaît un fantastique renouveau dont ce "café", rendez-vous préféré des vedettes de la publicité, du cinéma et de la presse, est le symbole. Cuisine de tendance actuelle et, avant tout, carte des vins d'une exceptionnelle intelligence. A cinq minutes en voiture de l'Etoile et à cinq minutes à pied du métro.

Chef
YANNICK GUÉPIN

Proprietor
PATRICK BARNEVILLE

Boulogne ★

CAP SEGUIN

FACE AU 27, QUAI LE GALLO
92100 BOULOGNE
métro Pont-de-Sèvres
TÉL : 01 46 05 06 07 • FAX : 01 46 05 06 88
Amex, Visa, Master Card

This restaurant is anchored on a quiet, pretty stretch of the Seine. The refreshing nautical décor and enthusiastic welcome attract a relaxed Parisian clientele. The chef offers unpretentious cuisine based on good basic ingredients and precise cooking. One day the fare might be home style; the next it plays on an "update traditional" theme. There's a lovely verdant terrace and splendid view of the parc de Saint-Cloud. A haven of happiness.

Lunch : Monday to Friday - **Dinner** : Monday to Saturday

A LA CARTE : 210F (32 €)
Déjeuner : Lundi au Vendredi - Dîner : Lundi au Samedi

Le restaurant est amarré à fleur d'une Seine tranquille et belle. Le frais décor marin et l'accueil empressé autant que chaleureux attirent ici une clientèle parisienne décontractée. Le chef propose une cuisine qui joue la carte du bon produit, traité sans sophistication, avec des cuissons précises. Un jour, ce sera sur le mode ménager, un autre, sur le thème de la tradition modernisée. De plus, de la terrasse verdoyante, la vue sur le parc de Saint-Cloud est superbe. Un havre de bonheur.

vous avez besoin
d'un **salon privé** pour
une **réunion** professionnelle,
le lancement d'un
nouveau produit,
un **séminaire**,
un déjeuner de **presse**...

*Need a **private room**
for a **meeting**,
the launching of a
new product,
or a **press** party?*

01 42 25 10 10

Central de réservation **gratuite**
free reservation center

ou consultez notre site :
or by our site:
http://www.reservethebest.com

Chef
STEPHANE GRILLON

Proprietor
LUCIEN DOS SANTOS

LE CARRÉ

12, PLACE SAINT-AUGUSTIN
75008 - PARIS
métro Saint-Augustin
TÉL : 01 44 69 00 22 • FAX : 01 44 69 33 19
Amex, Visa, Master Card

This restaurant is in an exceptional location, opposite the Saint Augustin church. The panoramic view bathes the dining room in the glow of the verdure of Square Marcel Pagnol, where pretty and svelte young ladies waltz past. The pure lines of the modern and elegant décor are in harmony with the perfection with which the chef, Stéphane Grillon, cooks. He applies his talent to perfectly chosen ingredients, often acquired directly from the producers. In addition to this, there is the menu on which the owner, Lucien Dos Santos, has included 19 different champagnes and many fine wines, a menu full of aces for a restaurant that is a real success.

Lunch : Monday to Sunday · Dinner : Monday to Sunday
MENU : Lunch 135F (20,58 €) - Dinner 175F (26,68 €)

A LA CARTE : 220F (33,54 €)
Déjeuner : Lundi au Dimanche · Dîner : Lundi au Dimanche

La situation, face à l'église Saint-Augustin, est exceptionnelle. Un vitrage panoramique fait entrer la verdure du Square Marcel Pagnol dans la salle où virevoltent de belles et sveltes jeunes filles. Le décor élégant, contemporain, aux lignes pures, s'harmonise à la perfection à la cuisine de Stéphane Grillon, le chef, dont le talent s'applique à des produits parfaitement choisis, souvent en direct de chez les producteurs. Ajoutez à cela une carte à laquelle le propriétaire, Lucien Dos Santos, a inscrit dix-neuf champagnes et de nombreux bons vins et vous aurez en main les cartes tout-atout d'un restaurant réussi.

Neuilly ★

Chez Livio

6, rue de Longchamp
92200 - Neuilly-sur-Seine
métro Pont-de-Neuilly
TÉL : 01 46 24 81 32 • FAX : 01 47 38 20 72
Amex, Visa, Master Card

Chef
Alfonso Patriarca

Proprietors
Alfio et Victorio
Innocenti

This charming, child-of-the-60's trattoria has become one of the capital city's best-loved eateries. Fans flock to its covered, flower-bedecked patio (the roof is cranked open at the very first sign of fair weather!) to enjoy delicious pizzas and fresh pasta, risotto with mushrooms, and tiramisu for dessert. The wine list is replete with light and lively offerings, and the prices are exemplary. The ambiance is always a shade exuberant and unfailingly warm – chances are you'll get to know (and love!) your neighbors.

Lunch : Monday to Sunday · **Dinner** : Monday to Sunday
MENU : 140F (21€)- Enfants : 75F (11€)

A LA CARTE : 170F (26€)
Déjeuner : Lundi au Dimanche · Dîner : Lundi au Dimanche

Créée au début des années soixante, cette trattoria de charme demeure, plus que jamais, une référence incontournable en la capitale, d'où le succès qui chaque jour frappe à la porte. Dans le grand patio fleuri, sous le toit qui s'ouvre dès les premiers rayons de soleil venus, le registre est limpide et bon, entre pizza et pâtes fraîches, risotto aux champignons, tiramisu, petits vins du cru sur le mode guilleret et prix d'une exemplaire sagesse. L'ambiance est toujours un brin exubérante, dans un coude-à-coude sympathique et chaleureux.

Chef-Proprietor
GILLES BELLOT

Director-Proprietor
CHARLIE MARCIANO

LES COMÉDIENS

7, RUE BLANCHE
75009 PARIS
métro Trinité
TÉL. : 01 40 82 95 95 • FAX : 01 40 82 96 95
Amex, Visa, Mastercard, Diner's, JCB

A few steps from the Théatre de Paris and near the Casino de Paris Charlie Marciano and Gilles Bellot joined forces to open this restaurant that soon became a very Parisian meeting place at lunch time (the owners' personalities had a lot to do with it!), and a very "theatre" place in late evening, when the show moves to the dining room with its view on the rôtisserie and Gilles Bellot's ovens. The menu changes everyday according to the market except for a few musts such as the oyster tartare, spit-roast Bresse chicken, and creamy chocolate cake. The wine list is attractive and will balanced.

Lunch : Monday to Friday - **Dinner** : Monday to Saturday
MENU : 250F (38 €)

Déjeuner : Lundi au Vendredi - **Dîner** : Lundi au Samedi

A deux pas du Théâtre de Paris et à proximité du Casino de Paris, Charlie Marciano et Gilles Bellot se sont associés pour ouvrir ce lieu rapidement devenu un rendez-vous très parisien à l'heure du déjeuner (la personnalité des propriétaires y est pour beaucoup !) et très "théâtre", tard le soir. Le spectacle est alors dans la salle avec vue sur la rôtissoire et des fourneaux de Gilles Bellot. La carte change tous les jours, en fonction du marché excepté pour quelques spécialités incontournables comme le tartare d'huître, la volaille de Bresse à la broche et le moëlleux au chocolat. La carte des vins est séduisante et bien équilibrée.

LE MAN RAY

34, RUE MARBEUF
75008 - PARIS
métro Franklin-Roosevelt
TÉL : 01 56 88 36 36 • FAX : 01 42 25 36 36
Amex, Visa, Mastercard

Chef
GEORGES VERNOTTE

Proprietor
THIERRY KLEMENIUK

Masterminded by Thierry Kléméniuk and launched by the illustrious Depp, Hucknall, Penn and Malkovich quartet, this ultra-congenial spot mixes an Art Deco décor with Asian ambiance. Bubbling fountains, giant statues and colored-glass mosaic ceilings await a laid-back clientele from business, showbiz and fashion worlds. Opt for the mezzanine bar where you can enjoy sushi, tapas and musical selections from deejay Trip Hop from 6 pm to 8 pm. Or take a seat in the majestic dining room if you're in the mood for world cuisine (French: hot and cold foie gras; Japanese: a sushi-sashimi combo; Thai: Ming-style sea scallops). The welcome is warm and friendly, and the service both civilized and discreet. A restaurant with its feet firmly planted in the present!

Lunch : *Monday to Friday* · **Dinner** : *Monday to Sunday*
MENU : Lunch 125F (19 €)

A LA CARTE : 350F (53 €)
Déjeuner : *Lundi au Vendredi* · **Dîner** : *Lundi au Dimanche*

Lancé par le quatuor de stars Depp, Hucknall, Penn et Malkovich, et pensé par Thierry Kléméniuk, ce lieu ultra-convivial, au décor qui mêle Art-déco et ambiance asiatique, avec fontaines gazouillantes, statues géantes et plafonds en mosaïque de verre coloré, attire la clientèle décontractée du monde des affaires, du show-bizz et de la mode. Vous pouvez choisir le bar en mezzanine, avec une assiette de sushis ou de tapas, l'Open Jazz Festival de 18 à 20 heures, ou la salle à manger majestueuse pour une world cuisine (française : foie gras chaud et froid ; japonaise : le combi sushi-sashimi ; thaïlandaise : coquilles Saint-Jacques à la Ming). L'accueil est souriant et le service aussi civil que discret. Une maison du temps présent.

Chef
OLIVIER PARIAUD

Proprietor
DAVID MORRIS

THE MONKEY CLUB

65-67, RUE PIERRE CHARON
75008 - PARIS
métro George V
TÉL : 01 58 56 20 50 • FAX : 01 58 56 20 55
Amex, Visa, Master Card

Open 24 hours, 7 days a week, only a few steps from the Champs-Elysées, this new modern restaurant with its purple and dark wood panelling décor, cleverly manages the new trend in "entertainment" restaurants. Come night-time, David Morris leads you gently from your table to the dance floor. From September on, superb soul, R&B and funk live concerts are billed here. The chef has adapted to the modern atmosphere of fun and relaxation: his four seasons cooking is French and Mediterranean, light and tasty. Special set meals for lunch.

Lunch : Monday to Sunday · **Dinner** : Monday to Sunday
MENU LUNCH : 160F (22 €)

A LA CARTE : 300F (42 €) - 350F (49 €)
Déjeuner : Lundi au Dimanche · Dîner : Lundi au Dimanche

Ouvert 24 heures sur 24, 7 jours par semaine, à deux pas des Champs-Elysées, c'est un nouveau restaurant moderne en mauve et bois sombre qui manie harmonieusement le courant actuel de la restauration-attraction. La nuit venue, David Morris vous conduira, dans une atmosphère douce, de la table à la piste de danse. A partir de septembre, de superbes concerts soul, R&B, funk seront organisés. Le chef respecte cette note contemporaine d'amusement et de détente. Sa cuisine des quatre saisons est française, méditerranéenne, savoureuse et légère. Formule au déjeuner.

Au Pied de Chameau

20, rue Quincampoix
75004 - Paris
métro Châtelet
TÉL : 01 42 78 35 00 • FAX : 01 42 78 00 50
Amex, Visa, Master Card

Chef
Said Sarih

Proprietor
Abdé Zarzar

One of France's most popular actors, Pierre Richard, opened this restaurant in partnership with Abdé Zarzar. Handsome North African artwork graces the dining room, and the Moroccan-inspired cuisine is unfailingly genuine, prepared with good old-fashioned TLC. Start your meal with the briouats or squab pastilla and top it off with the delicate milk custard dessert. Sample one of the tagines, couscous or mechouis in between - all are guaranteed to put our taste buds on the road to Marrakech!

*Lunch : Monday to Sunday · **Dinner** : Monday to Sunday*
MENU : Lunch 135F (21 €) - Dinner 250F (35 €)

A LA CARTE : 220F (34 €)
*Déjeuner : Lundi au Dimanche · **Dîner** : Lundi au Dimanche*

Dans un décor qui joue intelligemment sur toutes les facettes de l'art oriental, c'est une invitation au voyage et à la rêverie que vous proposent l'acteur Pierre Richard et son complice de tous les jours Abdé Zarzar. Pour tâter une cuisine d'inspiration marocaine d'une honnêteté sans faille, une cuisine d'amour et de patience. Briouats, pastilla au pigeon -ou au lait sucré pour le dessert - tajines et couscous variés et mechoui vous parlent à l'âme comme si vous étiez entre Fez et Marrakech.

Chef
THIERRY OLIVIER

Director
STÉPHANE DOYE

LE PETIT POUCET

4, ROND-POINT-CLAUDE-MONET
92300 - LEVALLOIS-PERRET
métro Pont-de-Levallois
TÉL : 01 47 38 61 85 • FAX : 01 47 38 20 49
Amex, Visa, Master Card

On the island of La Jatte, with its countryside atmosphere and fresh air only a stone's throw from Paris, this large Californian style building made of wood looking onto the Seine welcomes you with its charming and ambient terraces. The setting is worth a visit as is the cooking. The chef's repertoire - where produce fresh from the market comes to the fore - boasts delicacies such as Penne salad with basil tomato and olives, cucumber mille-feuille with its aubergine caviar, steamed cod with mashed potatoes and pesto, leg of lamb with gratin Dauphinois and soft creamy chocolate cake. Le Petit Poucet is certainly a culinary dream well within your reach.

Lunch : Monday to Sunday - **Dinner** : Monday to Sunday
MENU : Lunch 110F (17 €) du Lundi au Vendredi - **Dinner** 165F (25 €)

A LA CARTE : 250F (38 €)
Déjeuner : Lundi au Dimanche - **Dîner** : Lundi au Dimanche

Sur la bucolique île de la Jatte, à deux pas de Paris, cette grande bâtisse en bois de type californien s'ouvre sur la Seine avec de multiples terrasses qui font ambiance et charme assuré, voilà qui justifie déjà la petite escapade, pour une grande bouffée d'oxygène. La cuisine, elle aussi, mérite le détour avec une partition qui joue la carte des produits frais issus du marché, entre salade de penne à la tomate basilic et olives, millefeuille de concombre au caviar d'aubergines, morue à la vapeur purée de pommes de terre au pistou, gigot d'agneau au gratin dauphinois et moelleux au chocolat. Un joli rêve gourmand à portée de mains.

Saint-Cloud ★

QUAI OUEST

1200, QUAI MARCEL DASSAULT
92210 - SAINT-CLOUD
métro Pont-de-Saint-Cloud
TÉL : 01 46 02 35 54 • FAX : 01 46 02 33 02
Amex, Visa, Master Card, Diner's

Chef
JEAN-YVES GUICHARD

Proprietors
ERIC WAPLER
RENÉ POURCHERESSE

This fabulous California loft-style dining room offers diners a panoramic view of barges and water skiers navigating the Seine. It draws in a casually elegant crowd intent on taking in this "water ballet" as they enjoy intelligent, current culinary offerings along the lines of sushi; pan-roasted swordfish with honey; roasted cod with puréed potatoes drizzled in olive oil and a scrumptious half-cooked chocolate dessert. The whole experience is cause for celebration, and the generous Sunday brunch is SRO (reservations a must!).

Lunch : *Monday to Sunday* · **Dinner** : *Monday to Sunday*
FORMULE MIDI : 110F (17 €)

A LA CARTE : 220F (34 €)
Déjeuner : *Lundi au Dimanche* · **Dîner** : *Lundi au Dimanche*

Avec la Seine à vos pieds, le ballet des péniches et des skieurs nautiques, la belle et grande salle dans son écrin façon loft californien et la cuisine qui sait intelligemment marier les plats dans l'air du temps, vous passez là un joli moment de fête et de gourmandise. C'est un public chamarré, dans le genre décontracté-chic, qui vient tâter les sushis, l'espadon poêlé au miel, le cabillaud rôti purée à l'huile d'olive et le mi-cuit au chocolat. Le généreux brunch du dimanche est évidemment très couru. (réservation indispensable).

Chef
STÉPHANE VAÏTTINADANE

Co-proprietor
MARY DE VIVO

LE RÉSERVOIR

16, RUE DE LA FORGE-ROYALE
75011 - PARIS
métro Ledru-Rollin
TÉL : 01 43 56 39 60 • FAX : 01 43 56 31 73
Amex, Visa, Master Card, Diner's, JCB

This bar-club-restaurant started off with a bang, and has been going strong for five years now. While the off-beat décor (walls treated with fabric, interesting sculptures and light fixtures) and music have certainly contributed to the establishment's success, the food is delicious and well worth mentioning too. Try the crispy hot goat's cheese appetizer drizzled in honey, scallops in orange butter, jumbo shrimp, and remarkable tiramisù. The menu changes every season! Open for dinner at 8:00 until late into the night. Brunch on Sunday.

Dinner : Monday to Saturday

A LA CARTE : 200F (30 €)
Dîner : Lundi au Samedi

Le succès des premiers mois s'est confirmé et le Réservoir - depuis cinq ans - ne désemplit pas ! L'ambiance, à vrai dire, joue un rôle éminent avec un décor inattendu de tentures, de sculptures et de luminaires insolites, véritables personnages de ce lieu multiple : bar, club et restaurant. Si le programme musical est attrayant, la cuisine n'est pas moins intéressante. La carte change à chaque saison. Ouvert le soir à partir de 20 heures jusqu'à tard la nuit. Brunch et ambiance musicale le dimanche.

Issy-les-Moulineaux

RIVER CAFÉ

146, QUAI DE STALINGRAD
92130 - ISSY-LES-MOULINEAUX
RER Issy-Plaine
TÉL : 01 40 93 50 20 • FAX : 01 41 46 19 45
Amex, Visa, Master Card, Diner's

Chef-Proprietor
MANUEL HEURTIER

Proprietor
VÉRONIQUE HEURTIER

This big barge moored on the Seine, a few minutes downstream from the Eiffel Tower has tremendous charm, especially on fine days when the large picture windows are wide open to the greenery. An extraordinary setting, this stretch of the Seine, where ducks paddle just outside. In winter a roaring fire in a large fireplace - rather unusual on a boat - draws customers in search of good company. The cuisine matches the rest, modern, attractive, with a hint of southern sun in the rocket with basil, and all the tradition needed for such a dish as the Parcels of sea bream with lemon peel and a leek fondue. A great success.

Lunch : *Monday to Friday* - **Dinner** : *Monday to Sunday*
MENU Carte : 160F (24 €) - 190F (29 €) - Brunch : 160F (24 €) - 190F (29 €)

Déjeuner : *Lundi au Vendredi* - **Dîner** : *Lundi au Dimanche*

A quelques minutes en aval de la Tour Eiffel, le long de la Seine, cette grande péniche a un charme fou, aux beaux jours, quand les baies vitrées sont grandes ouvertes sur la verdure. Un site ahurissant que ce bras de Seine, où les canards barbotent au fil de l'eau. En hiver, une belle cheminée avec un vrai feu - c'est plutôt rare sur un bateau - attire une clientèle en quête de chaleureuse compagnie. La cuisine est au diapason, moderne, séduisante, avec une pointe de soleil dans la roquette au basilic, et ce qu'il faut de référence à la tradition pour la papillote de dorade aux zestes d'agrumes et fondue de poireaux. Une belle réussite.

SPICY

8, AVENUE FRANKLIN-ROOSEVELT
75008 - PARIS
métro Franklin-Roosevelt
TÉL : 01 56 59 62 59 • FAX : 01 56 59 62 50
Amex, Visa, Master Card, Diner's, JCB

Associate Chef
HERVÉ DOS SANTOS

Proprietors
MAÏTÉ MARQUEBIEILLE
JACKI DUDEMAINE

The associates of "L'Appart" (in the 8th arrondissement) created this restaurant, with a thoroughly modern welcome, style and hushed atmosphere. The classic cuisine uses spices and flavours from around the world: French bean salad with pistachio and fresh mint, duckling filet, Provençal vegetable estouffade, roast pineapple with vanilla and lemon and a honey milk shake.

Lunch : *Monday to Sunday* - **Dinner** : *Monday to Sunday*
MENU : Lunch 95F (14€) - Dinner 160F (24€)

A LA CARTE : 130F (20€)
Déjeuner : *Lundi au Dimanche* - **Dîner** : *Lundi au Dimanche*

Ce sont les associés de "L'Appart" (8e) qui signent cette création, avec un accueil, un style et une ambiance feutrée bien dans l'air du temps. La cuisine classique fait la part belle aux épices et aux saveurs du monde ; salade aux haricots verts aux pistaches et menthe fraîche, filet de canette, estouffade de légumes provençale, ananas rôti, vanille et citron vert et son milk shake au miel.

TANJIA

23, RUE DE PONTHIEU
75008-PARIS
métro Franklin-Roosevelt
TÉL : 01 42 25 95 00 • FAX : 01 42 25 95 02
Amex, Visa, Mastercard, Diner's

Chef
ALI EL MANSOURI

Proprietor
CATHY GUETTA

This restaurant has the atmosphere of a palace in Tangiers, the town from which this enchanting establishment, whose raison d'être is the evening and night-time, draws its name. All the best elements of Moroccan cuisine can be found here. On two levels, traditional dishes are served to customers at tables bedecked with white tablecloths strewn with rose petals. The young and elegant staff will invite you to go down to the lounge, an immense bar furnished with divans and Moroccan furniture that are swallowed up by a dim light, skilfully crafted to seduce lovers of gentle oriental nights.

Lunch : *Monday to Sunday* · **Dinner** : *Monday to Sunday*
MENU : Lunch 135F (218 €) - Dinner 175F (27 €)

A LA CARTE : 220F (34 €)
Déjeuner : Lundi au Dimanche · Dîner : Lundi au Dimanche

L'ambiance est celle d'un palais de Tanger, la ville qui a donné son nom à ce lieu enchanteur créé pour le soir et la nuit. Ce que la cuisine marocaine a de meilleur est ici. Sur deux niveaux, les plats typiques se posent sur des nappes blanches, jonchées de pétales de rose. Un personnel jeune et élégant suggère de descendre au "lounge" - l'immense bar meublé de diwans et de meubles marocains qui se perdent dans un clair obscur savamment étudié pour séduire les amoureux des douces nuits orientales.

La Terrasse

30, RUE DE GALILÉE
75016 - PARIS
métro Boissière
TÉL : 01 47 20 51 51 • FAX : 01 47 20 73 00
Amex, Visa, Master Card

Chef
CHRISTIAN TELLIER

Director
BRIGITTE KERN

This establishment at top of the Maison de la Sarre boasts a vast, heated terrace with a breathtaking view of Paris spanning from the Eiffel Tower to Montmartre, sided by a smaller outdoor terrace for fair-weather dining. Brigitte Kern welcomes you with her delightful accent, then warms you up for some good French food prepared with consummate Germanic flair: roasted lobster with wild mushrooms and grapes, milk-fed veal with preserved shallots, calf's liver à la berlinoise, and apple strudel for dessert. Some very nice French wines and a choice German Rieslings. Satisfy your before-dinner thirst with a quality German beer, or enjoy a stein or two with your meal.

Lunch : Monday to Friday · **Dinner** : Tuesday to Saturday

A LA CARTE : 200F (30 €)
Déjeuner : Lundi au Vendredi · Dîner : Mardi au Samedi

Tout en haut de la Maison de la Sarre, une grande terrasse chauffée et une plus petite pour les beaux jours offrent la vue sur tout Paris, de la Tour Eiffel au Sacré Cœur. Parfaite maîtresse de maison, souriante, enjouée, Brigitte Kern vous accueille avec un délicieux accent qui vous prépare à la découverte d'une belle cuisine française préparée avec la sensibilité germanique : homard rôti aux girolles et raisins, côte de veau de lait aux échalotes confites, foie de veau à la berlinoise, strudel aux pommes. Très beaux vins français et quelques rieslings allemands choisis. En apéritif et pour suivre si vous aimez, une bière allemande de qualité.

LE TOTEM

17, PLACE DU TROCADÉRO
75116 - PARIS
métro Trocadéro - Inside the "Musée de l'Homme"
TÉL : 01 47 27 28 29 • FAX : 01 47 27 53 01
Amex, Visa, Master Card

Chef
FRANCK GONNET

Director
CAROLE RAMBAUD

With its dining room and outside tables facing the Eiffel Tower, Le Totem is one of the most fashionable places in Paris. A salad, a few marinated anchovies and a nice cool wine do the trick. The chef, Franck Gonnet, a fine professional, also prepares an attractive daily set menu made from excellent produce, including an orange lentil salad, smoked salmon, scallop nuggets cooked on a hot metal plate, fine slices of sweet potato or a few exotically flavoured fish dishes. A small wine list of great wines is a pleasant surprise. The magic of this unique venue on an extension of the Palais de Chaillot esplanade never fails.

Lunch : Monday to Sunday - *Dinner :* Monday to Sunday
MENU : 119F (18 €)

A LA CARTE : 180F (27 €)
Déjeuner : Lundi au Dimanche - *Dîner :* Lundi au Dimanche

Avec sa salle et sa terrasse face à la Tour Eiffel, le Totem est l'un des endroits les plus couru de Paris. Une salade, quelques anchois marinés et un aimable vin frais, feront l'affaire. Le chef, Franck Gonnet, un bon professionnel, prépare aussi à partir de produits excellents, une formule du jour attrayante, avec la salade de lentilles coraillées - saumon fumé, des noix de coquilles Saint-Jacques à la plancha - émincé de patates douces, ou quelques plats de poissons aux saveurs exotiques. Une petite carte de grands vins crée la surprise. La magie de ce lieu unique, en prolongement de l'esplanade du Palais de Chaillot, continue d'opérer.

TREND

37, RUE DU COLISÉE
75008-PARIS
Métro Franklin-Roosevelt
TÉL. : 01 42 56 50 75 • FAX : 01 40 77 06 63
Amex, Visa, Mastercard

Chef
FABRICE NICOL

Proprietor
RODOLPHE BORGNIET

This first dining room, with its minimalist decor, exudes an aura of total serenity: uncarpeted floor, polished concrete, dark grey wooden wall panelling, white ceiling, dark wooden tables with metal surrounds, carefully designed tableware. Strolling towards the small and even more simply decorated glass-roofed lounge or the basement bar, where you can have a drink and dance, you pass the open kitchen. Fabrice Nicol's cuisine is composed in harmony with its Japanese influence, and is a veritable pleasure for the palate, whilst respecting the natural ingredients and their sometimes unexpected qualities. The small, but select carte changes with the seasons. The wine list proposes mainly French wines.

Lunch and Dinner : Everyday
MENU DÉJEUNER : 90F (14 €) et 120F (18 €)

A LA CARTE : 250F à 300F (38 à 46 €)
Déjeuner et Dîner : Tous les jours

Très zen, cette première salle au décor dépouillé, brut : sol nu, ciment poli, murs de bois anthracite, plafond blanc et tables de bois sombre serties de métal, couverts design. Une cuisine ouverte se découvre lorsque l'on se dirige vers un petit salon sous-verrière, plus simple encore ou vers le bar en sous-sol, où l'on peut prendre un verre et danser. La cuisine de Fabrice Nicol chante au son d'une musique japonaise. Très savoureuse, elle respecte le produit naturel aux tonalités parfois inattendues. La courte carte change au fil des saisons. Les vins sont en majorité français.

Zo

13, RUE MONTALIVET
75008 - PARIS
métro Madeleine
TÉL : 01 42 65 18 18 • FAX : 01 42 65 10 91
Amex, Visa, Master Card

Co-proprietor
OLIVIER HASKI

Co-proprietor
MICHAEL MEMMI

Zo's intelligent mix of trends does away with boundaries, frontiers and borders. For example, its warm atmosphere blends the mysterious charms of African tones for the lighting, Provençal hues for the decoration, Asian shades for presentations and Parisian colors for finishing. It's exceedingly popular with young Elysées Palace types and lots of other folks besides, all ardent advocates of Zo's "pro-merger" philosophy. And ardent admirers of the cuisine, a magical, improvisational harmony of Mediterranean and Asian flavors, running the gamut from Provençal-style dishes through to Japanese delicacies.

Lunch : Monday to Friday - **Dinner** : Monday to Sunday
MENU : 98F (15€)

A LA CARTE : 200F (30€)
Déjeuner : Lundi au Vendredi - Dîner : Lundi au Dimanche

Pour abolir les frontières, Zo joue la carte du métissage des tendances. Voilà une belle occasion de pousser la porte de cet endroit chaleureux qui accueille les nouveaux élyséopratins et bien d'autres, tous partisans actifs de ce restaurant "pro-fusion". Dans une atmosphère pleine de charme mystérieux, entre couleurs d'Afrique pour la lumière, couleurs de Provence pour la décoration, couleurs d'Asie pour la présentation, couleurs de Paris pour la finition, vous allez succomber à la magie d'une improvisation asiatico-méditerranéenne, d'un repas sur le mode provençal ou d'un plat japonais.

Chef
VINCENT SITZ

Proprietor
PATRICK DERDÉRIAN

ZEBRA SQUARE

3, PLACE CLÉMENT-ADER
75016 - PARIS
RER Maison Radio-France
TÉL : 01 44 14 91 91 • FAX : 01 45 20 46 41
Amex, Visa, Master Card, Diner's, JCB

Futuristic architecture, smiling service, a décor that woos and wows the clientele from the neighboring Maison de la Radio and lots of other folks on the move and in tune with the times, thoroughly appreciative of relaxed atmospheres. This establishment for the new millennium is a cross between a lounge-club and brasserie-restaurant, and bears the unmistakable imprint of owner Patrick Derdérian. The cuisine is just like him: it's fun-loving and refreshing, and it always aims to please! Enjoy monkfish carpaccio flavored with tangy lemon grass; crunchy baby vegetables; crispy duck breast in a tart gravy with strawberry-studded wild rice, and wafer-thin slices of pineapple in a spicy-sweet marinade for dessert.

Lunch : Monday to Sunday · **Dinner** : Monday to Sunday
MENU : Lunch 115F (18 €)

A LA CARTE : 220F (34 €)
Déjeuner : Lundi au Dimanche · Dîner : Lundi au Dimanche

Une architecture futuriste, un service souriant, un décor qui est plébiscité par le public voisin de la Maison de la Radio, mais aussi par tous ceux qui vivent avec leur temps, aimant les choses qui bougent et les ambiances décontractées. Entre lounge-club et brasserie-restaurant, ce lieu du XXIe est griffé Patrick Derdérian. La cuisine lui ressemble, ludique et ciselée sur le mode frais, sachant faire plaisir. Goûtez le carpaccio de lotte à la citronnelle, petits légumes croquants, petite friture de calamars frais et persil frit, magret de canard croustillant, jus acidulé et riz sauvage de Camargue croustillant aux fraises, crème légère au zeste d'orange, ananas en carpaccio, marinade aux épices douces.

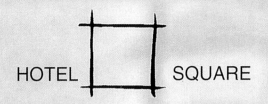

HOTEL SQUARE

ZEBRA SQUARE CAFE & RESTAURANT / GARAGE PRIVE
ACCES PRIVILEGIE AU CENTRE DE FITNESS
GALERIE ET SALONS / LOUNGE-BAR / ROOM SERVICE

3, RUE DE BOULAINVILLIERS   75016   PARIS
TEL 33/ 014 414 9190 FAX 33/ 014 414 9199

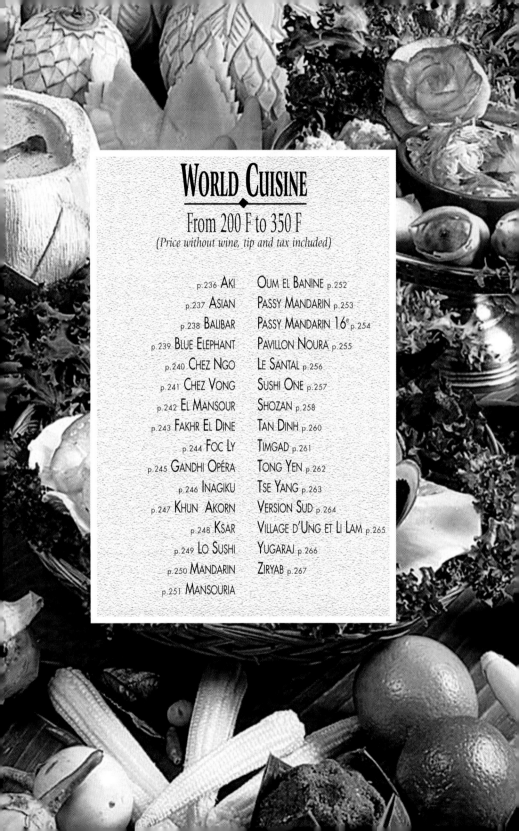

WORLD CUISINE

◆

From 200 F to 350 F

(Price without wine, tip and tax included)

Chef-Proprietor
TERAZAKI TOSHIYUKI

Proprietor
SERGE LEE

AKI

2 BIS RUE DAUNOU
75002 - PARIS
métro Opéra
TÉL : 01 42 61 48 38
Amex, Visa, JCB

The décor of this new Japanese restaurant near "l'Opéra", created by Roland le Bevillon and Maurice Savinel, brings out the letters of the sign : AKI in Japanese simply means "Japanese happiness". This message is also conveyed by the refined cuisine of Serge Lee, the manager and a big name in the restaurant business. Of course the menu contains great classics such as sashimi, sushi, tempura, rice and soups, all wonderfully presented, strictly following tradition and made up of ingredients selected with the utmost care. However, there are also hints of more modern flavours which proudly fly the flag for Japan.

Lunch : Monday to Friday · Dinner : Monday to Sunday
MENU : Lunch 90 -110 - 125F (14-17-19 €) - Dinner à la carte 200-250F (31-38 €)

MENU DINER : 160F (25 €) -MENU DEGUSTATION : 250F (38 €)
Déjeuner : Lundi au vendredi · Dîner : Lundi au Dimanche

L'élégant décor signé Roland Le Bevillon et Maurice Savinel met en valeur les lettres qui composent l'enseigne de ce nouveau restaurant japonais proche de l'Opéra : AKI signifie tout simplement "bonheur japonais". Tout un programme qui s'exprime dans la cuisine raffinée qu'a voulu Serge Lee, le directeur, grand professionnel de la restauration. Les grands classiques, certes, sashimi, sushis, tempura, riz et soupes, réalisés avec de très belles présentation dans la plus pure tradition avec des produits ultra-sélectionnés mais aussi quelques touches aux saveurs évoluées qui portent haut les couleurs du Japon.

ASIAN

BAR-RESTAURANT

30, AVENUE GEORGE-V
75008 - PARIS
métro George-V
TÉL : 01 56 89 11 00 • FAX : 01 56 89 11 01
Amex, Visa, Master Card, Diner's, JCB

Co-Director
DO SIACKHASONE

Director
OLIVIER TRIEU VAN MY

A stone's throw from the Champs Elysées, Asian is the perfect introduction to the many gastronomic and aesthetic pleasures the continent has to offer. The décor, a harmonious blend of light columns and wood appointments, features a Zen garden and a bamboo forest. As you would expect, the first-rate cuisine – a fine selection of Japanese, Chinese and Thai dishes – is made with tantalizingly fresh ingredients, choice lean meat and nutritious aromatic herbs. The authentic desserts are a must. They do their very own Sunday brunch too. You will also enjoy the tea room open daily and the local specialty cocktails from the bar.

Lunch : Tuesday to Friday and Sunday · Dinner : Monday to Sunday
MENU : Lunch 98F (15€) - Dinner 178F (27€) (wine included)

A LA CARTE : 250F (38€)
Déjeuner : Mardi au Vendredi et Dimanche · Dîner : Lundi au Dimanche

A deux pas des Champs-Elysées, le restaurant Asian vous fait découvrir les quatre coins de l'Asie avec son décor mariant chaleur du bois, colonnes de lumières, jardin zen, forêt de bambou et sa cuisine mélangeant des spécialités venues du Japon, de la Chine et de la Thaïlande en harmonie avec les attentes occidentales d'aujourd'hui : produits ultra frais, sauces dégraissées, herbes arômatiques bienfaitrices... A découvrir : des desserts orientaux originaux, brunch asiatique le dimanche, salon de thé tous les jours, formule bar avec spécialités de cocktails orientaux et, nourritures plus spirituelles : des expositions régulières d'artistes peintres et sculpteurs asiatiques.

Thai

Chef
OTH SOMBATH

Maîtres d'
NISA SOMBATH
Co-Proprietor
IGOR MAOR

BALIBAR

9, RUE SAINT-SABIN
75011 PARIS
métro Bastille
TÉL : 01 47 00 25 47 • FAX : 01 43 14 98 32
Amex, Visa, Master Card, Diner's, JCB

This culinary artist dreamed of becoming his own boss, having spent 16 years at the "Blue Elephant" and 18 months at the "Asian", a restaurant that he helped open. This dream has become reality with the opening of this comfortable restaurant. A native of the North-East of Thailand, Oth Sombath offers an authentic Thai cuisine laced with his own subtly mixed flavours. When tasting these dishes that cannot be found anywhere else, the astonishing flavours are an exquisite surprise. Nisa, his wife, prepares the desserts and vegetables with such care that the dishes that arrive in front of the customers resemble works of art. With an attentive welcome and cheerful staff, charm pervades this restaurant.

Lunch - Dinner : Every day
MENU : Lunch 75F (10 €) - Dinner 220F (31 €)

Déjeuner - Dîner : Tous les jours

Ce chef créateur, après seize ans passés au Blue Elephant, rêvait de devenir son propre maître. C'est chose faite dans ce confortable restaurant. Originaire du nord-est de la Thaïlande, Oth Sombath, ajoute à l'authentique cuisine thaie ses saveurs subtilement mêlées. Lors de la dégustation de ces plats que l'on ne trouve nulle part ailleurs, les étonnantes flaveurs offrent une surprise rare. Nisa, son épouse prépare les desserts et sculpte les légumes qui entrent en beauté à table. Le personnel est prévenant, souriant, le charme partout présent.

BLUE ELEPHANT

43-45, RUE DE LA ROQUETTE
75011 - PARIS
métro Bastille
TÉL : 01 47 00 42 00 • FAX : 01 47 00 45 44
Amex, Visa, Master Card, Diner's
http://www.blue elephant.com
email : blueelephantparis@wanadoo.fr

Thai

Chef
TOU SOUVANNAVONG

Directors
MANUEL DA MOTTA VEIGA
MEHDI K. HABIB

This restaurant will make you feel as though you've been transported straight to a Bangkok inn! The dining area consists of myriad small rooms filled with lush flowers and exotic objects, and the waiters are as graceful as dancers! The food is every bit as fascinating and wonderfully foreign as the surroundings, especially chef Tou Souvannavong's star dishes like chicken soufflé in banana leaves. Beware of the dishes marked with red elephants! One elephant stands for spicy...and three equals dynamite!

Lunch : Monday to Friday and Sunday - **Dinner** : Monday to Sunday
MENU : Lunch 150F (23 €) - Dinner 275F (42 €)

A LA CARTE : 250F (38 €)
Déjeuner : Lundi au Vendredi et Dimanche - Dîner : Lundi au Dimanche

Pour faire le voyage de Chanthaburi, Chiangmai ou Surat Thani, pas la peine de prendre l'avion. Venez-ici dans ce décor de loggias et de mezzanines avec pont et cascade - qui reproduit celui d'un authentique village thaï - où un personnel en costume local virevolte dans une salle animée. Il est vrai que Manuel da Motta Veiga, le directeur-amphytrion passionné de vins (très belle cave) et son chef Tou Souvannavong offrent, selon les saisons, tout l'éventail de la cuisine des quatre provinces de la Thaïlande (Bangkok, Isaan, Phuket et Triangle d'Or). Des mets relevés (notés de zéro à trois éléphants selon leur puissance) qui sont d'une rare finesse d'exécution.

Chinese

CHEZ NGO

70, RUE DE LONGCHAMP
75016 - PARIS
métro Trocadéro
TÉL : 01 47 04 53 20 • FAX : 01 47 04 53 20
Amex, Visa, Master Card, Diner's, JCB

Chef
HENG UCH
ET LES SERVEURS

Proprietor
SEANG NGO

King of the Sea. That's what the three Chinese characters on the wooden sign in front of Chez NGo mean. And no mistake, this restaurant specialises in seafood. Once inside, the wall paintings in the dining room and the small private rooms in carved wood panelling take you into another world, that of timeless China, where Mr NGo is only too pleased to have you taste his sea bass with Chinese mushrooms or his lobster with ginger and chives. The salt and pepper squid, and mussels with sweet basil are among the most popular hors d'oeuvres. And you will also find that Mr NGo, a true connoisseur, also offers that famous ancestral dish, Peking Duck for four.

Lunch : Monday to Sunday except Saturday · Dinner : Monday to Sunday

A LA CARTE : 150F (23 €) - 180F (27 €)
Déjeuner : Lundi au Dimanche sauf samedi · Diner : Lundi au Dimanche

Le roi de la mer. C'est la signification des trois caractères apposés sur l'écriteau de bois devant le restaurant Chez NGo. Pas d'erreur, ici, les spécialités sont les fruits de mer. En franchissant la porte, la fresque qui orne le mur et les petits salons particuliers en bois sculpté vous transporteront dans un autre univers, celui de la Chine profonde. Monsieur NGo se fera un plaisir de vous faire déguster son bar aux champignons chinois ou son homard aux ciboulette et gingembre. Le calamar au sel et poivre et les moules au basilic font aussi partie des hors-d'œuvre les plus demandés. Enfin, Monsieur NGo, en fin connaisseur, vous propose dans sa carte le canard pékinois, le célèbre mets ancestral, préparé pour quatre personnes.

CHEZ VONG

10, RUE DE LA GRANDE TRUANDERIE
75001 - PARIS
Métro Châtelet-Les-Halles
TÉL : 01 40 26 09 36 • FAX : 01 42 33 38 15
Amex, Visa, Master Card, Diner's

Chef	Director
MING TEW WAÏ	VAI-KUAN VONG

Located in a slightly bawdy pedestrian zone, Chez Vong is renowned for its extremely delicate dishes, presented like jewels or fine works of art. They're served with an eternal smile in a dining room with authentic accents - varnished pottery, columns, lanterns, bamboo screens and tropical plants - spread out over several floors. The relatively short menu ranges from exquisitely plain sautéed shrimp to jumbo rock lobster with ginger, exotic lacquered squab and pork ribs with laurel blossom. Mandarin cuisine.

*Lunch : Monday to Sunday · **Dinner** : Monday to Sunday*
MENU : 150F (23 €)

A LA CARTE : 300F (46 €) - 350F (53 €)
Déjeuner : Lundi au Dimanche · Dîner : Lundi au Dimanche

Dans une rue piétonnière et assez polissonne, voici des plats d'une extrême délicatesse, présentés comme des tableaux, comme des bijoux, servis avec un éternel sourire dans un décor théâtral et authentique de poteries vernissées, colonnes, lanternes, bambous, paravents et plantes tropicales, étagés sur plusieurs niveaux. La carte, assez courte, permet d'aller des simples mais exquises crevettes sautées natures jusqu'à la grosse langouste au gingembre, du rare pigeon laqué aux étonnants travers de porc à la fleur de laurier. Une cuisine de mandarins.

Moroccan

Maitre d'
M. JAOUHARI

Director
JOSEPH FISCHER

EL MANSOUR

7, RUE DE LA TRÉMOILLE
75008 - PARIS
métro Alma Marceau
TÉL : 01 47 23 88 18 • FAX : 01 47 66 11 93
Amex, Visa, Master Card

If you're looking for ideal Moroccan cuisine, this is the place to come. At the heart of Paris' Golden Triangle in a luxurious, wood-paneled décor with smartly set tables, you'll sample appetizers including a selection of salads, various briouates and royal pigeon pastilla, followed by couscous, chicken, carrot and preserved lemon tagine or crispy mechoui guaranteed to please aesthetes and neophytes alike. Top off your meal with mint tea from Meknes. In this oasis the welcome and the service are top notch. Peerless quality.

Lunch : Tuesday to Saturday · **Dinner** : Monday to Saturday

A LA CARTE : 300F (46 €)
Déjeuner : Mardi au Samedi · Dîner : Lundi au Samedi

Au cœur du triangle d'or, dans un luxueux décor de boiseries et de tables joliment décorées, vous dégusterez une authentique cuisine marocaine. Les sélections de salades, les briouates variées, la pastilla royale au pigeon et la cervelle d'agneau vous ouvriront l'appétit. Le couscous, le tagine de poulet aux carottes et citron confit, le mechoui à la peau craquante ravissent l'esthète comme le néophyte. Dans cet oasis, le thé vert à la menthe de Meknès, l'accueil et le service sont comme au pays d'une amabilité non feinte.

FAKHR EL DINE

30, RUE DE LONGCHAMP
75016 - PARIS
métro Trocadéro
TÉL : 01 47 27 90 00 • FAX : 01 53 70 01 81
Amex, Visa, Master Card, Diner's
htpp://www.fakhreldine.com

Lebanese

Director
DIANA ABOU ANTOUN

Proprietor
SLIMAN ABOU ANTOUN

If Lebanon were to choose its culinary embassy in Paris, Fakhr El Dine would certainly be a top contender. The pretty off-white dining room plays host to a crowd of nostalgic Beirut natives and curious, food-loving Parisians too. The fare is delectable indeed: hummus, mezes, kebbe, loukoum, halva and ice milk are all flavorfully orchestrated by the Lebanese chef. Try a delicious Kefraya or Château Musar wine with your meal. Don't miss the marinated, spit-roasted lamb.

Lunch : Monday to Sunday - **Dinner** : Monday to Sunday
MENU : Lunch 150F (23 €) - Dinner : 170F (26 €)

A LA CARTE : 270F (41 €)
Déjeuner : Lundi au Dimanche - *Dîner* : Lundi au Dimanche

S'il devait y avoir une ambassade de la cuisine libanaise à Paris, le Fakhr El Dine serait bien en place. Dans un joli décor blanc crème, le tout-Beyrouth en verve nostalgique, comme si la ville était encore le centre du monde - mais aussi le Tout-Paris curieux et gourmand - se délectent de la cuisine ici proposée. Hoummos, grand mezzé, kébbé, loukoum, halva et glace au lait sont frappés au coin du bon sens cuisinier libanais. Les vins de Kefraya ou de château Musar sont des incontournables. A ne pas laisser passer : la viande d'agneau marinée, émincée, rôtie à la broche.

Chinese/Thai

Neuilly ★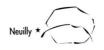

FOC LY

79, AVENUE CHARLES-DE-GAULLE
92200 - NEUILLY
métro Les Sablons
TÉL : 01 46 24 43 36 • FAX : 01 46 24 48 46
Amex, Visa, Master Card

Chef
NACH QUYEN

Proprietor
LU SUYFAT

A quietly elegant clientele favors the Asian fare at this restaurant, located in Paris' posh Neuilly suburb. The handsome blond wood dining room is distinctly low-key, and the cuisine is intelligently prepared, readily identifiable (!) and reasonably priced. Yet many of the dishes on the menu, like crispy shrimp with banana and scallop fritters, are truly outstanding. This is Chinese food at its purest and simplest, and a safe bet every time.

Lunch : *Monday to Sunday* · **Dinner** : *Monday to Sunday*
MENU : Lunch 99F (15 €) - 109F (17 €) *(monday to friday)*

A LA CARTE : 200F (30 €)
Déjeuner : Lundi au Dimanche · Dîner : Lundi au Dimanche

Le refuge asiatique de la riche et discrète clientèle de Neuilly. Pas d'extravagance donc, dans ce décor élégant et sobre de bois clair, et une cuisine plutôt savante, identifiable et assez peu coûteuse, comme on l'aime dans les beaux quartiers. Mais la plupart des plats, comme les crevettes croustillantes à la banane ou les beignets de coquilles Saint-Jacques, sont à l'opposé de la banalité. Un chinois franc et sûr.

GANDHI-OPERA

66, RUE STE-ANNE - ANGLE 13, RUE ST AUGUSTIN
75002 - PARIS
métro Quatre Septembre
TÉL : 01 42 60 59 60 • FAX : 01 49 10 03 73
Amex, Visa, Master Card, Diner's, JCB

Indian

Partner
SUDHA SETH

Proprietor
SUNIL SETH

Native sons Sunil Seth and Kuldip Singh bid guests a warm welcome. Savor authentic, machitikk, wonderfully aromatic dishes from their homeland including machi tikka (macerated, spit-cooked morsels of fish), tandoori mixed grill, murgh pudina (chicken marinated in a fresh mint sauce and roasted over a wood fire), chota jheenga (shrimp fritters flavored with herbs and spices), ghost vindaloo (lamb piqued with some twenty spices) and jheenga azam (jumbo shrimp with cashews, butter and mild spices). A first-class "passage to India" in all respects!

Lunch : *Monday to Saturday* - **Dinner** : *Monday to Saturday*
MENU : Lunch 80F (11 €) - 119F (17 €) - Dinner 149F (23 €) - 179F (23 €)

A LA CARTE : 200F (30 €)
Déjeuner : Lundi au Samedi - *Dîner : Lundi au Samedi*

Le propriétaire, Sunil Seth, comme le chef Kuldip Singh sont garants de l'authenticité parfumée de la cuisine de chez eux. Ils sont heureux de vous faire partager les séductions épicées des machi tikka (morceaux de poissons macérés et cuits à la broche), mixed-grill tandoori, murgh pudina (poulet mariné à la menthe fraîche et rôti au charbon de bois), chota jheenga (beignets de crevettes parfumées aux épices), ghost vindaloo (agneau relevé d'une vingtaine d'épices), et jheenga azam (gambas aux noix de cajou, beurre et épices douces). Tout, ici, vous dépaysera et vous ravira.

INAGIKU

14, RUE DE PONTOISE
75005 - PARIS
Métro Maubert-Mutualité
TÉL : 01 43 54 70 07 • FAX : 01 40 51 74 44
Visa, Master Card

| Chef-Proprietor | Director-Proprietor |
| STEPHEN LACH | DANIEL TRINH |

The teppanyaki table activity here is impressive, to say the least! A friendly welcome and service await you in the sleek wood and lacquer dining room, along with ultra-fresh ingredients prepared with diabolical precision. Whether you opt for tempura, grilled meat or fish (served on its own hot plate), sushi (rice cakes topped with raw fish or seafood) or sashimi (raw fish), you'll agree that this is serious - and seriously good! - Japanese cuisine.

Lunch : Monday to Saturday - Dinner : Monday to Saturday
MENU : Lunch 88F (13 €) - 200F (30 €) - Dinner 148F (23 €) - 248F (38 €)

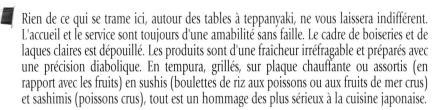

A LA CARTE : 200F (30 €) - 300F (46 €)
Déjeuner : Lundi au Samedi - Dîner : Lundi au Samedi

Rien de ce qui se trame ici, autour des tables à teppanyaki, ne vous laissera indifférent. L'accueil et le service sont toujours d'une amabilité sans faille. Le cadre de boiseries et de laques claires est dépouillé. Les produits sont d'une fraîcheur irréfragable et préparés avec une précision diabolique. En tempura, grillés, sur plaque chauffante ou assortis (en rapport avec les fruits) en sushis (boulettes de riz aux poissons ou aux fruits de mer crus) et sashimis (poissons crus), tout est un hommage des plus sérieux à la cuisine japonaise.

KHUN AKORN

8, AVENUE DE TAILLEBOURG
75011 - PARIS
métro Nation
TÉL : 01 43 56 20 03 • FAX : 01 40 09 18 44
Amex, Visa, Master Card

Thai

Chef
WEEBOONTAWEE
BURTUMKA

Director
KY PIVANITH

This unobtrusive embassy of Thai cuisine near the place de la Nation is definitely deserving of our praise. Its handsome gold and wood dining room boasts Buddhas, legendary birds and majestic dragons around the mahogany bar and on the Chinese parquet floor. The cuisine takes its cue from tart, spicy and savory taste sensations in the form of crispy noodles, whole shrimp, duck in red curry sauce, garlic-sautéed pork, and satisfying milk-blanched bananas for dessert. It's one of the best restaurants of its kind in Paris, with a delightful terrace for fair-weather dining…a true haven of peace!

Lunch : *Tuesday to Sunday* - **Dinner** : *Tuesday to Sunday*

A LA CARTE : 200F (30 €)
Déjeuner : Mardi au Dimanche - **Dîner** : *Mardi au Dimanche*

Cette discrète ambassade de la cuisine thaïlandaise, proche de la place de la Nation, n'en vaut pas moins le détour. Pour l'exotisme ouvert qu'elle affiche avec son décor de boudhas en bois doré, d'oiseaux de légende et de dragons bien tranquilles qui s'affichent autour du bar en acajou et sur le parquet en Chine. La cuisine, autour de l'acidulé, du pimenté et du salé, avec les croustillantes nouilles, crevettes entières, le canard au curry rouge, le porc sauté à l'ail et la banane blanchie au lait, s'affirme une des meilleures de la capitale. La terrasse-jardin, pour les beaux jours, est un havre de paix.

Moroccan

Chef
El Madiry

Proprietors
Khaled
Mohamed Mahmoun

KSAR

3, rue Saint-Philippe-du-Roule
75008 - Paris
métro Saint-Philippe-du-Roule
TÉL : 01 42 25 48 48 • FAX : 01 42 25 46 48
Amex, Visa, Master Card

In an enchanting "oriental" decor (amber walls and ceilings, brass gongs made into light fittings, lacquered tables) Momo Mahmoun, partnered by the singer Khaled, offers a cocktail of Mediterranean flavours, a dream of travels. The specialities are Moroccan, Lebanese and Italian. You can thus move on from a puff pastry spinach, meat and spice pie to lamb tajine with caramelised tomatoes followed by a wide range of pastas and then Berber pancakes. Mint tea, Turkish coffee or white coffee with orange blossom round off the meal in the same spirit.

Lunch : Monday to Saturday - Dinner : Monday to Saturday

A LA CARTE : 120 to 180F (19 to 27 €)
Déjeuner : Lundi au Samedi - Dîner : Lundi au Samedi

Dans un décor «à l'oriental» envoûtant (murs et plafonds ambre patinés, gongs dorés en appliques lumineuses, tables laquées aubergine), Momo Mahmoun, associé au chanteur Khaled, ont voulu offrir dans ce nouveau lieu un cocktail de saveurs méditerranéennes, une invitation au voyage. Les spécialités sont à la fois marocaines, libanaises et italiennes. Vous pourrez passer ainsi des feuilletés d'épinards, à la viande et aux épices au tajine d'agneau aux tomates caramélisées suivi d'un large éventail de pasta puis de crêpes berbères. Pour terminer, un thé à la menthe, un café turc ou un «café blanc» à la fleur d'oranger, pour rester dans la note.

LO SUSHI

8, RUE DE BERRI
75008 - PARIS
métro George V
TÉL : 01 45 62 01 00 • FAX : 01 45 62 01 10
Amex, Visa, Master Card

Chef	Director Public Relation
Maître B12	Raphaël Bernard

This California-style eatery near the Champs-Elysées is a new millennium hot spot! It's one of world's most spectacular sushi bars, boasting a 42-meter-long conveyor belt and a sleek décor replete with dazzling lights and metal and glass screens by renowned designer Andrée Putman. Pick and choose from the city's most comprehensive selection of Japanese gastronomic offerings – maki, futo maki, sashimi and sushi – as they ride by on the belt. The atmosphere is unique, upbeat – even Zen, if you like – and right for every appetite, with non-stop service from noon till 12:30 am.

Lunch : Monday to Sunday · **Dinner** : Monday to Sunday
MENU : 123F (19 €) - 189F (29 €)

A LA CARTE : 180F (27 €) A 250F (38 €)
Déjeuner : Lundi au Dimanche · Dîner : Lundi au Dimanche

Proche des Champs-Elysées, un lieu de l'an 2000 tout "show" à la mode californienne, pour le plus spectaculaire des sushis-bars, avec son tapis roulant de 42 mètres, et son décor tout en jeux de lumières et de paravents de métal et de verre, dans une épure signée Andrée Putman. De visu, vous choisissez et, en continu de 12 h 00 à 0 h 30, vous goûtez, selon votre appétit, à l'abécédaire le plus complet de la gastronomie nippone, entre makis, futo makis, sashimis et sushis. Le tout dans une atmosphère unique, gaie, voire même zen si vous voulez.

Chinese

MANDARIN

1, RUE DE BERRI
75008 - PARIS
métro George-V
TÉL : 01 43 59 48 48 • FAX : 01 43 59 06 08
Amex, Visa, Master Card, Diner's, JCB

Chef
WO MING NG

Maître d'
JEAN-LUC TRAN

The red and black decor here is replete with Buddhas, lacquered coffers, pagoda roof-tops, dragons and gilding. In fact it's so authentic, you'll feel as though you've found a little patch of Asia right off the Champs-Elysées! The service is polite and smooth as can be, and the menu navigates with ease between a Chinese repertoire and a cellar stocked with some very nice wines. Take your pick from a host of delectable specialties such as dim-sum; fried shrimp; sea scallops in Chinese wine sauce; scarlet beef; kidneys with five spices and roasted duck spiked with smoked tea.

Lunch : *Monday to Sunday* - Dinner : *Monday to Saturday*
MENU : Lunch 80F (12 €) - 130F (20 €) - Dinner 130F (20 €)

A LA CARTE : 220F (33 €)
Déjeuner : Lundi au Dimanche - Dîner : Lundi au Samedi

L'élégant décor asiatique pur jus, rouge et noir, avec bouddhas, caissons laqués, toits en pagode, dragons et ors vous transporte à mille lieues. Le service de bonnes manières, d'une dextérité sans faille, la carte qui navigue avec aise dans le répertoire chinois et la cave qui recèle quelques crus aimables, voilà de bien bonnes raisons de venir en ce lieu discret, à fleur de Champs-Elysées. Goûtez sans réticence les dims-sums, les crevettes frites, le saint-pierre au vin chinois, le bœuf à l'écarlate, les rognons aux cinq épices et le canard rôti au thé fumé.

MANSOURIA

11, RUE FAIDHERBE
75011 - PARIS
métro Faidherbe Chaligny
TÉL : 01 43 71 00 16 • FAX : 01 40 24 21 97
Visa, Master Card

Chef
NAJATE RABHI

Chef-Proprietors
FATIMA HAL
SORAYA BELAYACHI

The ancestral mysteries of Moroccan cooking hold nary a secret for the trio of charming women who run this pretty Moorish-style establishment. Indulge in one or several small appetizers followed by flavorful harira, saffron-flecked semolina, stuffed crêpes, milky pastilla, mourouzia lamb seasoned with a combination of no less than 27 spices, a tagine or a couscous platter. All of the dishes served originated either in Oujda (Fatima Hal's birthplace), Casablanca, Fez, Taroudant or Tlemcen. Loving interpretations of an ethnic cuisine renowned for its heart and soul.

Lunch : Tuesday to Sunday - **Dinner** : Monday to Sunday
MENU : 200F (30 €)

A LA CARTE : 200F (30 €)
Déjeuner : Mardi au Dimanche - **Dîner** : Lundi au Dimanche

Les mystères ancestraux de la cuisine marocaine n'ont guère de secrets pour le trio féminin de charme qui les délivre ici avec passion, dans un décor mauresque tout en tendresse. Les petites entrées en rafale, la harira, la semoule au pistil de safran, les crêpes farcies, la pastilla au lait, l'agneau mourouzia au ras-el-hanout - une savante composition de 27 épices -, les tagines et les couscous sont autant de plats qui trouvent leur origine à Oujda - dont Fatima Hal est originaire -, Casablanca, Fez, Taroudant ou Tlemcen. Un hymne d'amour à une cuisine du cœur et de l'esprit.

Moroccan

Chef
Fouad

Maître d'
Aziz

Oum el Banine

16 BIS, RUE DUFRESNOY
75116 - PARIS
métro Henri-Martin
TÉL : 01 45 04 91 22 • FAX : 01 45 03 46 26
Amex, Visa, Master Card, JCB

Behind the heavy carved wood door and in an elegant decor of earthenware and white walls designed as a tribute to Oum El Banine, the woman who founded the Qarawiyyin University in Fez, the nostalgic Maria Seguin serves memorable dishes, ones that have been handed down from mothers to daughters in the kitchens of the royal palaces and those of more modest houses. The great classic dishes of Morocco are served here with faultless authenticity and art.

Lunch : Tuesday to Saturday - Dinner : Tuesday to Saturday

A LA CARTE : 200F (30€)
Déjeuner : Mardi au Samedi - Dîner : Mardi au Samedi

Derrière la lourde porte en bois sculpté et dans un décor élégant de faïences et de murs blancs qui a été pensé en hommage à la fondatrice de l'université Qarawiyyin de Fès, Oum El Banine, la nostalgique Maria Seguin livre les plats de la mémoire, ceux que les cuisinières des palais royaux et des demeures plus modestes ont transmis de mère en fille depuis des générations. Les grands plats du classicisme marocain sont ici servis avec une authenticité et un art jamais pris en défaut.

Passy Mandarin

6, RUE D'ANTIN
75002 - PARIS
métro Opéra
TÉL : 01 42 61 25 52 • FAX : 01 42 60 33 92
Amex, Visa, Mastercard, Diner's

Chef	*Proprietor*
YEUNG HOUAY	VAI KUAN VONG

The Vong family's "youngest child" is located a stone's throw from the Opera. The décor here is as refined as can be, complete with warm, wood-paneled walls and private dining rooms. The welcome is splendid, and the service especially attentive. The cuisine is essentially Chinese, with a few Thai and Vietnamese offerings thrown in for good measure. Any number of good wines await diners, and take-out service is available on request.

Lunch : *Monday to Sunday* · **Dinner** : *Monday to Sunday*
MENU : Lunch 105F (16 €)

A LA CARTE : 250F (38 €)
Déjeuner : *Lundi au Dimanche* · **Dîner** : *Lundi au Dimanche*

A deux pas de l'Opéra, dans un décor des plus raffinés - boiseries à l'ancienne et salons particuliers - se trouve la fille cadette de la famille Vong. Accueil chaleureux, service attentif, cuisine remarquable essentiellement chinoise avec quelques escapades thaïlandaises et vietnamiennes. Quelques très bons vins. Tous ces mets peuvent être dégustés à domicile sur demande.

Chinese

Chef	Director
Wong Man Lee	Charles Vong

Passy Mandarin 16ᵉ

6, RUE BOIS-LE-VENT
75016 - PARIS
métro La Muette
TÉL : 01 42 88 12 18 • FAX : 01 45 24 58 54
Amex, Visa, Master Card, Diner's

This establishment plays host to enthusiastic locals from the preppy neighborhood where it's located, and Asian food lovers from elsewhere too! The dining room is prettily decorated with carved woodwork, paintings and silk, and the tables are luxuriously set. An attentive, affable wait-staff serves forth divine dishes such as dim sum; egg rolls; shrimp served sizzling on a cast iron platter; sole with black soy beans; lamb with ginger; ground squab sitting in a crispy nest...all prepared with unsurpassed precision.

Lunch : Monday to Sunday · **Dinner** : Monday to Sunday
MENU : Lunch 110F (16 €)

MENU CANARD LAQUÉ : 460F (38 €) pour deux personnes
Déjeuner : Lundi au Dimanche · Dîner : Lundi au Dimanche

C'est tout le quartier bon chic bon genre qui vient ici avec ferveur. Mais d'ailleurs aussi, le public qui aime la cuisine asiatique ne dédaigne pas ce décor de boiseries ajourées, de peintures, de soieries et de tables luxueusement parées, ni le service toujours omniprésent et d'une amabilité confondante. Dans les assiettes aussi, tout le monde se régale de dims-sums, nems, crevettes joyeuses sur plaque de fonte, sole aux haricots noirs de soja, d'agneau au gingembre et de pigeon haché dans son nid qui sont exécutés avec une imparable rigueur.

PAVILLON NOURA

21, AVENUE MARCEAU
75008 - PARIS
métro Alma-Marceau
TÉL : 01 47 20 33 33 • FAX : 01 47 20 60 31
Amex, Visa, Mastercard, Diner's
http://www.noura.net

Lebanese

Chef
WALID CALFONT

Proprietor
NADER BOU ANTOUN

This is the thriving luxury link in the Bou Antoun family chain of Paris restaurants, run by Monsieur Nader Bou Antoun to the glory of Lebanese cooking. In a decor of frescos and prettily laid tables, waited on by friendly staff, the highlights here are dishes in the Lebanese and near eastern traditions, from timeless mezzes, falafel taboule (bean, chickpea and sesame cream balls), to the national speciality, stuffed kebbe (minced lamb balls) and sweets, including a variety of baklava. The wine list includes the best vintages of the Bekaa Valley.

Lunch - **Dinner** : *Every day*
MENU : Lunch 180F (27 €) - Dinner : 245F (37 €)

A LA CARTE : 280F (46 €)
Déjeuner - Dîner : Tous les jours

Voilà le maillon de luxe de la famille des Bou Antoun, qui fait florès en la capitale, dirigé par Monsieur Nader Bou Antoun pour le plus grand bénéfice de la cuisine libanaise. Ici, dans un décor avec fresques aux tables joliment dressées, servi par un personnel aimable, on apprécie particulièrement les plats issus des traditions libanaises et orientales, de l'incontournable mézé, du taboulé au falafel (boulette de fèves, pois chiches et crème de sésame) sans oublier la spécialité nationale, le kebbe farci (boulettes d'agneau haché) et ses douceurs, assortiments de baklawa. Le chapitre des vins propose les meilleurs crus de la plaine de la Bekaa.

Vietnamese

LE SANTAL

8, RUE HALEVY, PLACE DE L'OPÉRA - 75009 - *métro Opéra*
TÉL : 01 47 42 24 69 • FAX : 01 42 44 78 00
6, RUE DE POISSY, NOTRE DAME - 75005 - *métro Maubert Mutualité*
TÉL : 01 43 26 30 56 • FAX : 01 42 71 51 82
Amex, Visa, Master Card

Chef-Proprietor
NGUYÊN-LEE

Director
MICHEL NGUYÊN-LEE

The Santal duo – there's one on the left bank and one on the right – boasts some of the most authentic Vietnamese cuisine in Paris. Nguyên-Lee, former lawyer in Saïgon, treats guests to land and sea discoveries stemming from a rich Indochinese culinary heritage. Inspired by three regions of the country – the former imperial capital Hué, Saigon and Tonkin – each dish is like a small, infinitely appealing shrine to finesse and flavor. The steamed ravioli, phô soup with beef, grilled monkfish with saffron, casserole of rice with seafood and cassolette of pork with sweet caramel are all well worth the trip. Reasonable prices. Wide selection of french wines.

Lunch : Monday to Saturday · **Dinner** : Monday to Saturday
MENU : Lunch 89F (14 €) - Dinner 198F (30 €) - Dégustation 290F (44 €)

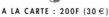

A LA CARTE : 200F (30 €)
Déjeuner : Lundi au Samedi · *Dîner* : Lundi au Samedi

Le Viêt-Nam tient avec ces deux "Santal", rive gauche ou rive droite, ses plus authentiques adresses dans la capitale. Nguyên-Lee, ancienne avocate de Saïgon, fait ici découvrir autant les aspects terriens que marins d'une cuisine qui s'inscrit dans le patrimoine culinaire indochinois. Inspirés des trois régions du pays, les plats de l'ancienne capitale impériale, Hué, de Saïgon ou du Tonkin, sont de petits monuments de finesse et de saveurs autant que de séduction. Les ravioli à la vapeur, la soupe phô au boeuf, la grillade de lotte au safran, la marmite de riz aux fruits de mer et la cassolette de porc au caramel doux valent le voyage et la halte. Prix sages. Belle cave de vins français.

SUSHI ONE

63, AVENUE FRANKLIN ROOSEVELT
75008 PARIS
métro Franklin-Roosevelt
TÉL : 01 43 59 48 00 • FAX : 01 43 59 48 01
Amex, Visa, Mastercard, Diner's

Japanese

Chef
MAÎTRE SEVEN

Director
CYRIL PASTORE

Everything is cooked before your very eyes in this comfortable Japanese restaurant's open kitchen, and is overseen by Maître Seven, the "sushi chef". The elegant tableware is authentic Japanese. Lunchtime is spent "business style" : the financial markets are shown on screens around the restaurant. Between 5 and 9 PM, enjoy the "happy hours" sampling the generous cocktails prepared at the bar. In this relaxed atmosphere, the "Godoka" gather for a round of "Go", one of the oldest strategy games. Thematic evenings are held from Wednesdays to Saturdays until 2 AM. Excellent wine list and selection of teas.

Lunch : Monday to Friday - **Dinner** : Monday to Saturday
MENU : Lunch 85F to 125F (12 to18 €

A LA CARTE : 200F (28 €)
*Déjeuner : Lundi au Vendredi - **Dîner** : Lundi au Samedi*

Dans ce confortable restaurant japonais tout se prépare à l'instant dans la cuisine ouverte sur la salle où veille Maître Seven, "maître sushi". L'élégante vaisselle, est "made in Japan". Le déjeuner est "business-style" : les cotes boursières s'affichent sur des écrans. De 17 heures à 21 heures, au bar où se préparent de généreux cocktails, s'écoulent les "happy hours". Dans cette ambiance détendue, les "Godoka" se retrouvent pour s'adonner au plus ancien des jeux de stratégie, le "go". Soirées à thème du mercredi au samedi, jusqu'à 2 heures du matin. Bonne carte de vins et carte de thés.

French-Japanese

Chef
FRITHJOF WIMMER

Proprietor
JIHEI ISAWA

★ 8ᵉ

SHOZAN

11, RUE DE LA TRÉMOILLE
75008 - PARIS
métro Alma Marceau
TÉL : 01 47 23 37 32 • FAX : 01 47 23 67 30
Amex, Visa, Master Card, Diner's, JCB

A Japanese restaurant, of a kind, where East and West do meet. In this restful atmosphere gourmet curiosity can be indulged with serenity. Frithjof Wimmer, the chef, is German. He expresses this blend of cultures in exceptional flavours and a clever use of spices and herbs. European and Japanese produce marry and harmonise and are presented in a way that reflects the Japanese life-style. The foie gras sushi or sesame surprise and verbena tea demonstrate the perfectionism that is sought in this unusual combination.

Lunch : *Monday to Friday* · **Dinner** : *Monday to Saturday*
MENU : Lunch 250F (35 €) - Dinner 400F (56 €)

A LA CARTE : 400F (56 €)
Déjeuner : Lundi au Vendredi · Dîner : Lundi au Samedi

Un restaurant japonais, si l'on veut, qui concrétise la rencontre entre Orient et Occident. Dans un cadre apaisant, la curiosité gourmande s'exerce sereinement. Frithjof Wimmer, le chef de cuisine, est Allemand. Il exprime ce croisement de cultures par des saveurs exceptionnelles, savamment teintés d'épices, d'aromates. Les produits européens et japonais s'épousent et s'harmonisent dans une présentation évoquant l'art de vivre du Japon. Le sushi de foie gras ou l'éclat de sésame, infusion de verveine témoignent d'une volonté de perfection dans cet insolite mariage.

Need a **private room**
for a **meeting**,
the launching of a
new product,
a **seminar**,
or a **press** party?

*vous avez besoin
d'un **salon privé** pour
une **réunion** professionnelle,
le lancement d'un
nouveau produit,
un **séminaire**,
un déjeuner de **presse**...*

01 42 25 10 10

free reservation center
central de réservation **gratuite**

or by our site:
ou consultez notre site :
http://www.reservethebest.com

Vietnamese

Chef-Sommelier
FREDDY VIFIAN

Chef-Sommelier
ROBERT VIFIAN

TAN DINH

60, RUE DE VERNEUIL
75007 - PARIS
métro Solférino
TÉL : 01 45 44 04 84 • FAX : 01 45 44 36 93
Cash and checks only

Dazzle your taste buds with the most extraordinary combinations of foods and wines ever in the speckled mirror and lacquer décor of this Faubourg Saint-Germain establishment run by Freddy and Robert Vifian. This brother team fervently promotes Vietnamese nouvelle cuisine, and the fare served here is worth its weight in gold. Try the spicy lemongrass red mullet or fillet of veal with cardamom. Moreover, they hold an uncommonly great cellar to their credit with a comprehensive selection of Pomerols and Petrus in numerous vintages. As you run down the wine list, you'll surely discover a little-known treasure, or bottles that are inaccessible elsewhere.

Lunch : *Monday to Saturday* - Dinner : *Monday to Saturday*

A LA CARTE : 350F (53 €)
Déjeuner : *Lundi au Samedi* - Dîner : *Lundi au Samedi*

C'est dans un décor de glaces mouchetées et de laques du Faubourg Saint-Germain qu'il vous faut essayer les plus extraordinaires associations mets-vins qui soient. Les frères Vifian, Freddy et Robert, sont tout d'abord les zélateurs d'une nouvelle cuisine vietnamienne qui vaut le détour. Pour vous en convaincre, essayez-donc le rouget piquant à la citronnelle, le filet de veau à la cardamome. De plus, ils présentent une cave hors du commun - avec notamment un choix exhaustif de Pomerol, Petrus en nombreux millé-simes y compris - d'où vous dénicherez des trésors méconnus ou inaccessibles ailleurs.

TIMGAD

21, RUE BRUNEL
75017 - PARIS
métro Argentine
TÉL : 01 45 74 23 70 • FAX : 01 40 68 76 46
Amex, Visa, Master Card, Diner's

Moroccan

Chef-Proprietor
AHMED LAASRI

Maitre d'
AHMED LIANI

For many years, Timgad has been regarded as Moroccan cuisine's "ambassador" to Paris. The sumptuous stucco-walled dining room was decorated by Moroccan artisans and artists, and the cuisine is superlative - crafted from the very best ingredients using time-honored techniques. There's a wonderful couscous with hand-rolled semolina, savory tajines with multiple side dishes, a crispy shrimp brick and a tempting selection of middle eastern pastries. The waiters wear tuxedos for an added touch of refinement.

Lunch : *Monday to Sunday ·* **Dinner :** *Monday to Sunday*

A LA CARTE : 340F (52 €)
Déjeuner : Lundi au Dimanche · **Diner :** *Lundi au Dimanche*

De longue date, le Timgad est l'ambassadeur des saveurs de la grande cuisine marocaine à Paris. Ses lettres de créance reconduites sont toujours le somptueux décor de stuc, réalisé par des artisans et des artistes marocains, et une cuisine exigeante, tant pour la qualité de ses produits que pour leur mise en œuvre. Sont à recommander, les superbes couscous dont la semoule est roulée à la main, les tagines savoureux aux accompagnements multiples, le brick de crevettes ou encore les pâtisseries orientales. Le raffinement s'exprime aussi dans la tenue des serveurs vêtus d'un smoking.

Chinese/Thai Vietnamese

★ 8ᵉ

TONG YEN

1 BIS, RUE JEAN-MERMOZ
75008 - PARIS
métro F.-D. Roosevelt
TÉL : 01 42 25 04 23 • FAX : 01 45 63 51 57
Amex, Visa, Master Card, Diner's

Chef
CHIN KWOH KWAH

Proprietor
THÉRÈSE LUONG

Thérèse Luong has run this prettily exotic showbiz "cafeteria" for the past thirty years. Diaphanous models come here to savor spring rolls and enjoy a cup of tea. But this illustrious restaurant also offers classic, highly refined Chinese cuisine in the form of peppery jumbo shrimp; crispy mini-egg rolls; Peking duck and pineapple fritters for dessert. Tables are close together – all the better for rubbing elbows with the celebrities who frequent the place!

Lunch : Monday to Sunday · **Dinner** : Monday to Sunday

A LA CARTE : 300F (46 €)
Déjeuner : Lundi au Dimanche · Dîner : Lundi au Dimanche

Dans cette adresse de luxe sur trois étages, Thérèse Luong règne depuis des lustres sur la vie parisienne. Charmeuse, charmante, elle propose une cuisine à son image et bichonne ses clients-amis comme personne. Le Tout-Paris des média, du cinéma, de la pub, des affaires - et les autres aussi - vient ici en procession pour tâter d'une cuisine asiatique toujours au top de la qualité, travaillant les meilleurs produits. Les grosses crevettes au poivre, les nems craquants, le canard laqué pékinois et les beignets d'ananas obtiennent un succès mérité.

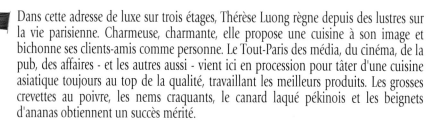

TSE YANG

25, AVENUE PIERRE-1ER-DE-SERBIE
75016 - PARIS
métro Iéna
TÉL : 01 47 20 70 22 • FAX : 01 49 52 03 68
Amex, Visa, Master Card, Diner's, JCB

| Chef | Director |
| YANG KUI FAH | JEAN LERAY |

This is Paris' most elegant, international, "high society" Chinese restaurant. Artful, part-French waiters provide courteous service in a vast, preciously decorated dining room worthy of the Forbidden City. Sample an array of delicacies from revolving trays: the peppered shrimp, duck with smoked tea and scallops in yellow rice wine are especially good! Try the jellied almond milk for dessert. Brilliant French wine list; Chinese beers and spirits are also available.

Lunch : Monday to Sunday · **Dinner** : Monday to Sunday

A LA CARTE : 250F (38 €)
Déjeuner : Lundi au Dimanche · Diner : Lundi au Dimanche

Le plus international, mondain et élégant des restaurants chinois de Paris. Dans un décor digne de la Cité Interdite, vaste et précieux, servis avec art par des maîtres d'hôtel, en partie français, solennels et courtois, goûtez, sur des tables tournantes, les plats dont l'énoncé fait rêver : crevettes aux fleurs de poivre, canard au thé fumé, lait d'amandes en gelée, coquilles Saint-Jacques au vin jaune. Brillante carte de vins français, de bières et d'alcools chinois.

Méditerranean

VERSION SUD

3, RUE BERRYER
75008 - PARIS
métro George-V
TÉL : 01 40 76 01 40 • FAX : 01 40 76 03 96
Amex, Visa, Master Card, Diner's, JCB

Chef
ALAIN STEPHAN
Directeur de salle
NIGEL ABBEY

Co-proprietor
ALAIN PRAS

The Mediterranean in Paris is right here in Guy Savoy's new annex. In a pretty decor - rather like Seville - in shades of ochre and red with mosaics and coloured fabrics, they serve excellent value cuisine. Under the glass roof and in front of the kitchen that opens onto the dining room delighted customers enjoy such sunny dishes as bruschetta, mussels pastella, cod with black beans and risotto, and spit roast marinated chicken.

*Lunch : Monday to Friday · **Dinner** : Monday to Saturday*

A LA CARTE : 200F (30 €)
Déjeuner : Lundi au vendredi · Dîner : Lundi au Samedi

La Méditerranée version parisienne, vous la trouverez dans cette nouvelle annexe de Guy Savoy. Dans un joli décor – un peu comme à Séville – de camaïeu ocre et rouge, avec moult mosaïques et tissus aux chromatismes variés, c'est une cuisine d'un excellent rapport qualité-prix-plaisir qui vous est servie. Sous la verrière et devant la cuisine ouverte sur la salle à manger, ce sont des plats ensoleillés – brushcetta, moules façon pastella, morue aux haricots noirs au risotto, poulet mariné à la broche – que déguste un public ravi de l'aubaine.

VILLAGE D'UNG ET LI LAM

10, RUE JEAN-MERMOZ
75008 - PARIS
métro F.-D. Roosevelt
TÉL : 01 42 25 99 79 • FAX : 01 42 25 12 06
Amex, Visa, Master Card, Diner's

Chinese/Thai

Chef-Proprietor
UNG LAM

Proprietor
LI LAM

Far and away the best Thai restaurant in Paris for the price (restaurants near the Champs-Elysées tend to be costly). There's nothing to fear here: the aquarium "ceiling" won't fall in on you, the waitresses are as pretty as can be, and the native cuisine (more original than the Szechuan Chinese also offered) is light, ultra-fine and not too spicy. Try the flavorful, ultra-tender grilled beef with saté sauce and Thai rice, sautéed crab claws with curry sauce, served on a hot plate, or one of the deliciously seasoned salads.

Lunch : Monday to Sunday · **Dinner** : Monday to Sunday
MENU : 118F (18 €) - 138F (22 €) - 188F (29 €)

Déjeuner : Lundi au Dimanche · **Dîner** : Lundi au Dimanche

De loin le meilleur Thaï de Paris pour son prix, si souvent trop élevé près des Champs-Elysées. Ne craignez rien : l'aquarium qui sert de plafond ne vous tombera pas sur la tête, les serveuses sont ravissantes et la cuisine du pays (plus originale que la chinoise du Sichuan également proposée), légère, très fine et pas trop pimentée. Par exemple le bœuf grillé très tendre au saté avec le riz de Thaïlande, si savoureux, les salades, si merveilleusement assaisonnées, les pinces de crabe sautées, sauce curry, sur plaque chauffante.

Chef
HUKUM SINGH

Proprietor
KULENDREN MEYAPPEN

YUGARAJ

14, RUE DAUPHINE
75006 - PARIS
métro Odéon
TÉL : 01 43 26 44 91 • FAX : 01 46 33 50 77
Amex, Visa, Master Card, Diner's, JCB

One of the very first Indian restaurants in Europe, and certainly the best in Paris. Refinement reigns supreme in this establishment - from the warm welcome extended by Mr. Meyappen to the stylized, friendly service, and the dining room's elegant carved wood décor. The cuisine dazzles guests with marvelous flavors and surprising combinations. The crab balls and ultra-fresh fish, jumbo shrimp marinated in spices and cooked tandoori-style and Vosges quail cooked two ways are absolute "musts", paired with one of the many good French or Spanish wines in the cellar. Conveniently located a stone's throw from the Seine.

Lunch : *Tuesday to Sunday* · **Dinner** : *Monday to Sunday*
MENU : Lunch 130F (20 €) - Dinner 170F (26 €) - 220F (33 €)

A LA CARTE : 200F (30 €)
Déjeuner : Mardi au Dimanche · Dîner : Lundi au Dimanche

Sans doute l'un des tous premiers indiens d'Europe et certainement le meilleur de Paris. A deux pas de la Seine, le raffinement y est suprême, dans l'accueil de Monsieur Meyappen, le service stylé et souriant, le décor élégant aux superbes boiseries sculptées, et bien sûr dans la cuisine qui explose de parfums et marie les goûts les plus inattendus. Essayez sans faute les boulettes de crabe, les poissons selon l'arrivage, les gambas marinées dans des épices, cuites au tandoor, et les cailles des Vosges deux façons, avec l'un des nombreux bons vins, français ou espagnols.

ZIRYAB

1, RUE DES FOSSÉS ST BERNARD
75005 - PARIS
métro Jussieu ou Cardinal Lemoine
TÉL : 01 53 10 10 20 • FAX : 01 44 07 30 98
Amex, Visa, Master Card

Lebanese-Moroccan

| *Chef* | *Director* |
| CHANTAL MOYON | JEAN-FRANÇOIS BOUQUILLON |

The incredible view of Notre-Dame and all of Paris - similar to the view from Tour d'Argent - is but one good reason to enjoy a meal at this restaurant located at the top of the Institut du Monde Arabe. Under the stewardship of Maria Seguin, who already ministers to Oum El Banine (16th arrond.), this establishment plays on North African classics with an intelligent creative twist. Eggplant zaalouk; briouat; sea bass à l'arak; couscous; mechoui and an Eastern-style crème brulée offer a panorama of flavors and spices of incomparable finesse. Highly attentive welcome and service.

Lunch : Tuesday to Sunday - Dinner : Tuesday to Saturday
MENU : Lunch 180F (27€)

A LA CARTE : 240F (37€)
Déjeuner : Mardi au Dimanche - Dîner : Mardi au Samedi

L'incroyable vue sur Notre-Dame et tout Paris - comme à La Tour d'Argent - n'est pas la seule bonne raison de venir s'attabler au restaurant de l'Institut du Monde Arabe. Placée sous la houlette de Maria Seguin, déjà au Oum El Banine (16e), cette table joue la carte des classiques de l'Afrique du Nord tout en lorgnant intelligemment vers des rivages plus créatifs. Zaalouk d'aubergines, briouat, loup de mer à l'Arak, couscous, mechoui et crème brûlée à l'orientale offrent un panorama de saveurs et d'épices d'une finesse insigne. Accueil et service aux petits soins.

INDEX

	Arrondissement	Page N°	Valet Parking - Voiturier	Private Room - Salon Privé	Outdoor Dining - Terrasse	Ouvert Samedi Soir - Open Saturday Night	Ouvert Dimanche Soir - Open Sunday Night
BRISTOL (LE)	8ÈME	13	★	★	★	★	★
BUDDHA BAR	8ÈME	212	★			★	
B* FLY*	8ÈME	206	★		★	★	★
CAFÉ DE LA JATTE (LE)	NEUILLY	213			★	★	★
CAFÉ DE LA PAIX	9ÈME	160	★		★	★	★
CAFÉ DE VENDÔME	1ER	70	★	★			
CAFÉ DROUANT	2ÈME	69	★	★		★	★
CAFÉ M	8ÈME	71	★			★	★
CAP SEGUIN	BOULOGNE	214	★	★	★	★	
CAP VERNET (LE)	8ÈME	161		★	★	★	★
CARRÉ (LE)	8ÈME	216	★		★	★	★
CARRÉ DES FEUILLANTS	1ER	14	★	★		★	
CASA DI DELFO	8ÈME	107	★	★	★	★	★
CAVES PETRISSANS	17ÈME	134		★	★		
CAVIAR KASPIA	8ÈME	93	★	★		★	
CELADON (LE)	2ÈME	47	★	★			
CHARLOT	9ÈME	94		★		★	★
CHAUMIÈRE (LA)	15ÈME	95				★	★
CHEZ ANDRÉ	8ÈME	137			★	★	★
CHEZ ELLE	1ER	138			★		
CHEZ FRANÇOISE	7ÈME	162	★	★	★	★	★
CHEZ JENNY	3ÈME	163	★	★	★	★	★
CHEZ LIVIO	NEUILLY	217		★	★	★	★
CHEZ NGO	16ÈME	240		★		★	★
CHEZ TOUTOUNE	5ÈME	189				★	★
CHEZ VONG	1ER	241	★	★		★	★
CHIBERTA (LE)	8ÈME	48	★	★		★	
CHRISTINE (LE)	6ÈME	190			★	★	
CINQ (LE)	8ÈME	16	★	★	★	★	
CLOSERIE DES LILAS (LA)	6ÈME	72	★	★	★	★	★
COMÉDIENS (LES)	9ÈME	218	★			★	
COMTE DE GASCOGNE (AU)	BOULOGNE	45	★		★	★	
CONTI	16ÈME	110					
COPENHAGUE	8ÈME	109			★	★	
COQ DE LA MAISON BLANCHE (LE)	SAINT OUEN	73	★	★	★	★	
COUPOLE (LA)	14ÈME	164		★		★	★
DESSIRIER	17ÈME	96	★	★	★	★	★
DOGANELLA (LA)	16ÈME	111				★	★
DOLOMITES (LES)	17ÈME	191				★	
DOMINIQUE	6ÈME	112		★		★	
DROUANT	2ÈME	17	★	★	★		
EL MANSOUR	8ÈME	242	★	★		★	
EQUITABLE (L')	5ÈME	192		★		★	
ESPADON (L')	1ER	18	★		★	★	★

INDEX

	Arrondissement	Page N°	Valet Parking - Voiturier	Private Room - Salon Privé	Outdoor Dining - Terrasse	Ouvert Samedi Soir / Open Saturday Night	Ouvert Dimanche Soir / Open Sunday Night
ESPADON BLEU (L')	6ÈME	97	★	★		★	
FAKHR EL DINE	16ÈME	243	★	★		★	★
FAUCHER	17ÈME	49	★		★		
FAUGERON	16ÈME	19	★	★			
FELLINI	1ER	113		★		★	★
FINDI GEORGE-V	8ÈME	114	★	★	★	★	★
FERME ST SIMON (LA)	7ÈME	75		★		★	
FERMETTE MARBEUF 1900 (LA)	8ÈME	76		★	★	★	★
FERNAND	6ÈME	139				★	
FLANDRIN (LE)	16ÈME	166	★		★	★	★
FLO (BRASSERIE)	10ÈME	157	★			★	★
FOC LY	NEUILLY	244		★		★	★
FONTANAROSA	15ÈME	115		★		★	★
FOUQUET'S-BARRIÈRE	8ÈME	74	★	★	★	★	★
FRA DIAVOLO	16ÈME	116		★		★	★
GALION (LE)	16ÈME	77				★	★
GALLOPIN (BRASSERIE)	2ÈME	158		★		★	
GANDHI OPÉRA	2ÈME	245		★		★	
GAUDRIOLE (LA)	1ÈME	78			★	★	
GÉNÉRAL LAFAYETTE (AU)	9ÈME	140			★	★	★
GOUMARD	1ÈME	98	★	★		★	★
GRAND CAFÉ (LE)	9ÈME	167			★	★	★
GRANDE CASCADE (LA)	16ÈME	21	★	★	★	★	★
GRAND VÉFOUR (LE)	1ER	20	★	★			
GUY SAVOY	17ÈME	22	★	★		★	
HÉDIARD	8ÈME	79	★	★		★	
IL CORTILE	1ÈME	117	★		★		
IL SARDO	9ÈME	118				★	
INAGIKU	5ÈME	246				★	
JACQUES CAGNA	6ÈME	23	★	★		★	
JARDINS DE BAGATELLE (LES)	16ÈME	80		★	★	★	★
JARRASSE	NEUILLY	99	★	★		★	★
JULES VERNE (LE)	7ÈME	24	★			★	★
JULIEN	10ÈME	168	★			★	★
KHUN AKORN	11ÈME	247			★	★	★
KSAR	8ÈME	248		★		★	
L'O À LA BOUCHE	14ÈME	194		★	★	★	
LASSERRE	8ÈME	27	★	★		★	
LAURENT	8ÈME	28	★	★	★	★	★
LE CLOU	17ÈME	193				★	
LE DIVELLEC	7ÈME	100	★			★	
LEDOYEN	8ÈME	29	★	★	★		
LORRAINE (BRASSERIE)	8ÈME	159	★		★	★	★
LO SUSHI	8ÈME	249	★			★	★

INDEX

INDEX

	Arrondissement	Page N°	Valet Parking - Voiturier	Private Room - Salon Privé	Outdoor Dining - Terrasse	Ouvert Samedi Soir / Open Saturday Night	Ouvert Dimanche Soir / Open Sunday Night
RÔTISSERIE D'ARMAILLÉ (LA)	17ÉME	144				★	
ROTISSERIE D'EN FACE (LA)	6ÉME	145				★	
ROTISSERIE MONSIGNY (LA)	2ÉME	146	★			★	
ROTONDE (LA)	6ÉME	173		★	★	★	★
SAFRAN (LE)	1ER	197	★	★		★	
SAN FRANCISCO	16ÉME	121		★		★	
SANTAL (LE)	9ÉME - 5ÉME	256		★		★	
SÉBILLON	8ÉME	174				★	★
SHOZAN	8ÉME	258	★	★		★	
SPICY	8ÉME	226				★	★
SPOON FOOD AND WINE	8ÉME	60	★				
STELLA MARIS	8ÉME	103		★		★	
STRAPONTIN CAFÉ	6ÉME	198				★	★
SUSHI ONE	8ÉME	257	★	★	★	★	
TAILLEVENT	8ÉME	38	★	★		★	
TAN DINH	7ÉME	260		★		★	
TANJIA	8ÉME	227	★	★		★	★
TANTE LOUISE (CHEZ)	8ÉME	57					
TAVERNE (LA)	9ÉME	175		★		★	★
TERMINUS NORD	10ÉME	176		★	★	★	★
TERRASSE (LA)	16ÉME	228			★	★	
THE MONKEY CLUB	8ÉME	220	★			★	★
THOUMIEUX	7ÉME	147		★		★	★
TIMGAD	17ÉME	261	★	★		★	★
TONG YEN	8ÉME	262	★			★	★
TOTEM (LE)	16ÉME	229			★	★	★
TOUR D'ARGENT (LA)	5ÉME	39	★	★		★	★
TREND	8ÉME	230	★	★		★	★
TROU GASCON (AU)	12ÉME	58				★	
TRUFFIERE (LA)	5ÉME	89		★		★	★
TSE YANG	16ÉME	263		★		★	★
VAGENENDE	6ÉME	177			★	★	★
VAUDEVILLE (LE)	2ÉME	178			★	★	★
VERSION SUD	8ÉME	264		★	★	★	
VERRE BOUTEILLE (LE)	17ÉME	199				★	★
VILLAGE D'UNG ET LI LIAM	8ÉME	265	★	★		★	★
VIOLON D'INGRES (AU)	7ÉME	40	★			★	
W	8ÉME	59	★	★			
YUGARAJ	6ÉME	266		★		★	★
YVAN	8ÉME	122	★			★	
ZEBRA SQUARE	16ÉME	232	★	★	★	★	★
ZIRYAB	5ÉME	267			★	★	
ZO	8ÉME	231	★			★	★